总 序

中国教育科学研究院院长 袁振国

2010 年 11 月 10 日《光明日报》对中国教育科学研究院（前身为中央教育科学研究所，以下简称“中国教科院”）教育综合改革实验区进行了专题报道：中国教科院在全国不同区域设立教育综合改革实验区，以小带大，进而带动全国教育的整体均衡发展，这些模式正逐步成为国内区域教育改革发展的新亮点。报道对实验区工作的肯定，坚定了我们加强教育综合改革实验区建设的信心。

2008 年 5 月，中国教科院与杭州市下城区人民政府共同创建了中国教科院杭州下城教育综合改革实验区，此后，先后与成都市青羊区、大连市金州新区、深圳市南山区、宁波市鄞州区、重庆市九龙坡区人民政府共建教育综合改革实验区。这套丛书是对实验区工作的一次回顾和总结，希望以此进一步推动实验区工作的科学发展，为办人民满意的教育积累更多的经验。

当代中国教育的发展史就是一部改革史。从1985年的《中共中央关于教育体制改革的决定》，到1993年的《中国教育改革和发展纲要》，再到2010年的《国家中长期教育改革和发展规划纲要(2010—2020年)》，改革始终是主旋律。当前，教育改革已进入“深水区”，面临着很多新情况和新特点。一方面，表层问题已较好解决或者有了解决的方案，但深层次矛盾逐渐凸显出来；另一方面，社会发展日益多元化，满足不同群体的诉求难以用简单的方法应对，必须走综合改革的道路。这就要求统筹协调方方面面的力量，协同推进人事制度、管理制度、经费投入制度等的改革，把教育改革作为一项系统工程来抓。

正是基于这一考虑，为进一步发挥服务决策、创新理论、指导实践的功能，中国教科院形成了开展区域教育综合改革实验的设想。同时，我们认识到，政府作为教育管理的主体，行政区层级过高，地理空间、教育总量会很大，改革效果不可预期；行政区层级过低，无法有效统筹本区域人财物等关键要素，改革很难顺利推进，区县可能是教育综合改革实验的理想区划。令人欣喜的是，这一设想得到六区人民政府和教育行政部门的高度认同，中国教科院教育综合改革实验区应运而生。

中国教科院与六区人民政府精诚合作、锐意进取，力求以先进的理念、科学的方法、高效的机制、合理的制度来推进教育综合改革实验区的科学发展。经过反复研讨，我们确定了“院区共建、整

教育综合改革实验丛书

丛书主编◎袁振国

多元开放 国际融合

——大连金州新区教育综合改革实验模式

《教育综合改革实验丛书》编委会　编

教育科学出版社
·北　京·

丛书编委会

本书编委会

体推进、科研引领、创新发展”的工作方针，同时，建立了有效的机制：一是专家常驻机制，中国教科院向各实验区派驻高素质专家工作组，作为科研力量的前沿部队，参与实验区建设的全过程，提供实时的、全方位的业务咨询和指导；二是决策参与机制，专家工作组通过与实验区教育行政部门领导直接沟通、通过参加领导班子办公会、参与重要政策咨询论证等多种形式，为实验区教育决策献言献策；三是课题引领，以实验区核心发展任务为重点，以双方科研资源为依托，院区共同申报研究课题，以系统的教育科学研究为实验区建设提供理论支撑和智力支持；四是区际联动，以项目合作为主要载体，各实验区之间共享优质教育资源、相互学习借鉴，共同探索解决区域教育改革发展的热点、难点问题；五是特色发展，充分尊重实验区的实际情况和个性化需求，在全面推进教育综合改革的基础上，创新实施路径和工作方法，打造不拘一格、各有特色的实验区发展模式。

在各区区委、区政府的有力领导下，在各区教育行政部门的精心培育下，在广大校长和教师的积极参与和努力下，教育综合改革实验区工作不断取得新进展，实验区整体水平不断上升：各实验区区委、区政府进一步加大了对教育工作的支持力度；社会对本地区教育工作给予了更多理解、关心和支持；各地教育改革和创新积累了越来越多的成功经验，强化了已有的特色和优势；实验区联盟加快形成。

几年下来，各区逐渐形成了各具特色的改革发展模式：杭州下城的“高位均衡、轻负高质”模式，成都青羊的“城乡统筹、质量领先”模式，大连金州新区的“多元开放、国际融合”模式，深圳南山的“追求卓越、对话世界”模式，宁波鄞州的“高位提升、惠及全民”模式，重庆九龙坡的“以生为本、优质均衡”模式清晰可见，生机盎然。

展望未来，中国教科院教育综合改革实验区将根据十八大报告提出的“深化教育领域综合改革，着力提高教育质量”的要求，以质量为导向，以教师队伍建设为重点，以教育科研为载体，以提高课堂效率为突破口，努力开创实验区工作新局面，为探索中国特色区域教育发展成功模式、助推国家整体教育改革进程作出应有贡献！

2012年12月

目　录

序　言

追溯三年前，作为国家级教育科研机构，中国教育科学研究院（前身为中央教育科学研究所，以下简称“中国教科院”）秉持积极为区域教育发展提供科研引领和实践指导的宗旨立意，将热情的目光投向大连金州新区（时为大连经济技术开发区）这片土地。基于紧密的战略合作关系，中国教育科学研究院与金州新区共同建立了在东北地区以至中国北方唯一的一个教育综合改革实验区。袁振国院长在对金州新区经济、社会、文化、教育的特征与发展趋势进行深刻分析和前瞻性战略思考的基础上，高屋建瓴地提出“多元开放，国际融合”的发展理念，为金州新区教育改革和发展作出了精准定位并指明了正确方向。实验区的建立，为金州新区教育发展掀开了新的历史篇章。

“优先发展教育，办好人民满意的教育”，这是党和国家提出并长期坚持的一项重大方针。这无疑也是金州新区党工委、管委会贯彻落实科学发展观的一种政策体现。与此同时，“优先发展教育，办好人民满意的教育”，对于金州新区具有更为重要、特别的意义。

金州新区由金州区和大连经济技术开发区于2010年合并而成，旨在打造大连市新市区的核心区。金州新区承载着坚决实施国家区域发展战略，全面投入国际竞争，积极抢占改革开放、体制机制和新兴产业发展的“制高点”，并肩负引领大连经济腾飞发展和全域城市化建设的光荣使命。这就意味着，金州新区不仅要在大连市的经济发展中起到推动引领作用，同时，也要在全域城市化建设、全域功能布局、社会事业建设、民生改善提升等方面，得到全方位的发展和进步，真正成为一个完善的、符合国际惯例的、国际一流的、遵循生态标准的、和谐发展的新市区。

教育发展是促进区域经济腾飞和全域城市化建设的重要力量，教育的均衡发展与质量提升是社会和谐的重要保障。与区域整体发展的目标定位相呼应，金州新区确立了到2015年实现教育均衡化、国际化、特色化和优质化，建设“国内一流、国际知名”的现代化教育强区的宏伟目标。

如何贯彻落实党和国家的重大方针，如何实现“国内一流、国际知名”的现代化教育强区这一宏伟目标，这是金州新区必须直面的问题。

金州新区汇聚了两区原有的优势资源和优良传统，教育力量得到显著加强。同时，随着行政区规模的扩大，教育体量和格局也发生了变化。教育人口迅速增加，生源结构复杂多元，资源配置、体制机制以及教育观念存在一定差异。这在客观上使金州新区教育发展面对更加艰巨的任务和更为严峻的挑战。面向未来，金州新区必须在教育实践中探索一条在全国范围内具有引领作用和启示意义的特色发展之路，必须在这片具有多元开放环境优势的土地上，探索一条可以走向世界、推向国际的高品质教育实践模式。总之，如何促进区域经济腾飞发展和全域城市化建设，如何保证教育的均衡与公平，提高教育质量，促进社会和谐，如何切实落实国家教育规划纲要精神——促进每一个学生健康成长，办好人民满意的教育，这是金州新区教育发展的重大任务。

教育要发展，根本要靠改革创新，关键要靠科研引领。三年来，金州新区党工委、管委会高度珍视与中国教科院的合作，高度重视教育综合改革实验区的建设，坚定不移地贯彻“多元开放，国际融合”的发展理念，以“促进均衡，优质发展”为战略目标，以“文化培育，内涵突破”为实践主题，以“科研引领，改革创新”为实践动力，在“院区共建，整体推进，科研引领，创新发展”的合作模式下，在驻区专家组的无私奉献和精心指导下，金州新区的教育在整体上发生了令人欣慰的变化：区域教育观念思想得到更新，发展规划得到完善，实践成果不断丰盈，实践品质不断提升。

三年来，金州新区重点在区域教育文化建设、队伍建设、课程建设和制度建设尤其是教育国际化推进等方面积极开展改革实验，力图通过区域教育文化的培育、教师队伍素质的提升、课程教学的有效实施、教育国际化的高标准推进以及教师队伍管理制度和教科研活动机制的创新，促进区域教育内涵发展、均衡发展和优质发展。其中，由驻区专家组高端引领和全程指导的全域推进高品位学校文化内涵提炼和特色建设、高品质“文化课堂”实践探索、高质量校本课程系统开发以及教师开展课例创新研究等几项工作，饱含了驻区专家组的心血和智慧，并取得了具有一定显示度和影响力的创新成果。尤其是金州新区坚持“文化理解、文化自觉、文化自新、文化自强”的宗旨，采取“以交流促了解，以了解谋合作，以合作促融合，以融合达共生”的教育国际化发展战略思路，多渠道开展教育国际化实践探索，业已形成独特优势。我们希望：金州新区的教育国际化探索能为区域教育国际化实践提供一个鲜活的案例，也能为诠释教育国际化真谛作一个较为生动的注记。

中国教科院建立的教育综合改革实验区为金州新区教育发展搭建了更加广阔的平台。在整个实验区之间的交流联动活动中，我们从杭州下城、成都青羊、深圳南山、宁波鄞州以及刚刚成立不久的重庆九龙坡等其他五个实验区那里，学习并汲取了先进经验，为金州新区教育发展提供了有益借鉴。

实验区建设的三年，也是金州新区教育不断发展壮大的三年。2012 年 10 月，金州新区高质量通过“辽宁省基础教育强区暨教育部县域义务教育均衡发展基本均衡区”评估验收，并得到辽宁省教育厅评估专家组的高度好评，这使得金州新区教育站在一个新的更高的历史起点，并为实现金州新区教育均衡化、国际化、特色化和优质化，建设“国内一流、国际知名”的现代化教育强区的宏伟目标奠定了更加坚实的基础。强区创建既是对区域教育硬件条件的排查，也是对区域教育软实力的检视。通过创建基础教育强区，金州新区学校标准化建设进一步强化，区域教育管理水平进一步加强，广大校长的办学思想和专业化水平进一步提升，学校办学理念和特色内涵进一步凝聚，区域教育均衡化程度显著提高。更为重要的是，区域优先发展教育的政策导向更加鲜明，办好人民满意的教育的信念更加坚定，教育发展的方向目标和主题主线进一步明晰，教育实践的规划能力和操作能力进一步成熟。我们深切体会到，这一成就和新局面的形成也充分证明了，实验区的建设真正为金州新区教育事业持续健康发展提供了强大的动力支持。

在金州新区教育综合改革实验区成立大会上，袁振国院长曾充满信心满怀深情地说："相信这个合作将成为中国教育改革发展史上的有意义的重要一笔。"回首实验区三年发展历程，我们将充分尊重和借鉴过去的经验成果，凝心聚力向这一愿景迈进，我们坚信：金州新区教育必将乘势而上，迎来一个大发展，赢得一个新境界！

秦淑华

2012 年 12 月

第一章

发展理念：多元开放，国际融合

2009年9月6日，中国教育科学研究院（前身为中央教育科学研究所，以下简称“中国教科院”）与大连金州新区（时为大连经济技术开发区）基于紧密的战略合作关系，共同建立了在东北地区以至中国北方唯一的一个教育综合改革实验区。

▲ 中国教科院院长袁振国与大连经济技术开发区管委会主任张世坤签订共建教育综合改革实验区协议

中国教科院院长袁振国在对金州新区经济、社会、文化、教育的特征与发展趋势进行深刻分析和前瞻性战略思考的基础上，高屋建瓴地提出了“多元开放，国际融合”的发展理念，为金州新区教育改革和发展作出了精准定位并指明了正确方向。实验区的建立，为金州新区教育发展掀开了新的历史篇章。

▲ 中国教科院院长袁振国为金州新区教育提出“多元开放，国际融合”的发展理念

第一节 开发开放：新区跨越发展

金州新区雄踞辽东半岛南麓，东临黄海，西临渤海，北接东北亚大陆，南与山东半岛隔海相望。自古以来，金州既是古代海上贸易的重要港口，又是连接东北与中原的军事要地。独特的地理位置，使金州地区受到了历朝历代统治者的高度重视，更赋予了金州“雄镇”之称。千百年来，中原文化和东北文化在这里交汇融合，生根发芽，世居在这里的人民用聪明才智创造了绚丽多彩、意蕴深厚的金州地方特色文化。

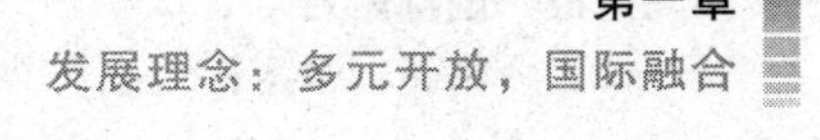

一、神州第一经济开发区的建立与兴起

历经千百年风雨洗礼，现在金州新区已经成为全东北改革开放的前沿窗口和中心地带。1984 年 9 月 25 日，根据邓小平同志的重要指示，为了深化改革，扩大开放，国务院批准以金州区辖区的一个地域为基础，设立大连经济技术开发区。这是国务院批准的中国第一个经济技术开发区，因此也被誉为“神州第一开发区”。随后，国务院又相继批准设立了金石滩国家旅游度假区、保税区、出口加工区等功能区。以在国内率先批准成立经济技术开发区为起点，历经近 30 年的开发开放，大连经济技术开发区开掘了得天独厚的地域优势、积累了实力雄厚的经济优势并蕴蓄了可持续发展的强劲活力。

2010 年 4 月 9 日，为了整合资源、拓展空间、增强优势、提高竞争力，大连市委、市政府决定将金州区和开发区合并成立金州新区，开启了金州历史发展的新纪元，拉开了新一轮开发开放的序幕。

二、一极两区三城四大基地的全新定位

金州新区的建立是大连战略重心北移的必由之路，旨在打造大连市新市区的核心区。

这里经济飞速发展。2011 年，金州新区经济总量位居东北各县区首位，在全省 14 个市中名列第四，在全国 140 个开发区中排在前 5 位。地区生产总值 1320. 6 亿元，固定资产投资 1025 亿元，规

模以上工业总产值2114亿元，均占全市的1/5。按照这个经济发展速度，预计到2015年，金州新区将实现地区生产总值2800亿元，年均增长17%；完成固定资产投资3000亿元（老口径），年均增长20%；地方财政一般预算收入突破200亿元，年均增长18%；实现规模以上工业总产值5000亿元，年均增长19%，形成5个千亿级、10个百亿级产业集群；实际利用外资年均增长15%以上，实际利用内资年均增长30%以上。进入“十二五”阶段，金州新区明确了产业化、城市化双轮驱动的发展思路，确定了建设“一极两区三城四大基地”的发展定位。“一极”就是辽宁快速发展增长极，“两区”就是现代产业聚集区、和谐发展先行区，“三城”就是科技创新城、国际文化旅游城、生态宜居城，“四大基地”就是高新技术产业基地、战略性新兴产业基地、现代装备制造业基地和高端服务业基地，最终要把金州新区建设成为辽宁沿海经济带现代产业聚集核心区、大连新市区中心区、国内一流国际知名新区。

目前，金州新区深度融合了开发区体制优势和金州区资源优势，经济发展焕发勃勃生机。站在历史新起点的金州新区理应在大连经济腾飞发展和全域城市化建设中发挥龙头和先导作用，并坚决实施国家区域发展战略，全面参与投入国际竞争，积极抢占改革开放、体制机制创新和新兴产业发展的“制高点”。金州新区正以豪迈气势向经济发展新跨越的宏伟愿景迈进。

第二节　关注民生：社会和谐发展

金州新区高举科学发展观的伟大旗帜，在更高的起点和品质追求上谋划区域建设与发展，以实现社会事业发展与城市发展同步、

民生的改善提升与经济发展同步的“双同步”为目标。金州新区通过“双同步”的实施、发展和推动，全面推进金州新区和谐城区的建设。

一、启动为民“双十”工程

为了群众生活水平、幸福指数的提高和社会文明程度的进步，金州新区启动了“双十”工程——十大民生工程和十件为民办实事工程。这些工程项目集中在人民群众重点关注的事情上，如优先发展教育，大力发展卫生、体育事业，提高社会管理和服务水平，提升全区居民的幸福感等。此外，金州新区也把健全社会保障体系、促进就业和增加居民收入放在经济社会发展的优先位置，不断提高基本公共服务和社会福利均等化水平，努力实现居民收入增长与经济发展同步。

二、打造和谐发展的新市区

为打造一个完善的、符合国际惯例的、国际一流的、遵循生态标准的和谐发展的新市区，金州新区所追求的不仅是在大连市的经济发展中起到推动引领作用，同时，在全域城市化建设、全域功能布局、社会事业建设、民生改善提升等方面，也要得到全方位的发展和进步。

金州新区正紧紧抓住国家进一步实施振兴东北老工业基地和辽宁沿海经济带发展战略的双重机遇，以科学发展、率先发展为主题，以加快转变经济发展方式、加速全域城市化发展步伐为主线，以深化改革开放促进发展，以增量带动结构优化，以创新推动产业升级。更重要的是，金州新区以保障和改善民生为出发点和落脚点，通过“以人为本”构建社会和谐，志在率先走出一条经济总量迅速增大、城市实力显著增强、生态环境更加友好、文明程度持续提高、群众生活不断富裕的发展新路，把金州新区建设成为大连新市区的中心区、大连发展的核心区，成为开放程度高、核心竞争力强、协调发展快、生态环境优、经济社会效益好的国内一流、国际知名新区。

教育发展是区域整体发展的一个重要标志，也是促进区域社会、经济、文化发展的重要力量。在知识经济时代，国际竞争的突出表现是人才的竞争；在科学发展观的要求下，全域城市化建设的核心主题是社会和谐，教育的均衡发展与质量提升是社会和谐的重要保障。切实落实《国家中长期教育改革和发展规划纲要（2010—2020年)》（以下简称《教育规划纲要》）的精神，促进每一个学生健康成长，保证教育的均衡与公平，提高教育质量，办好人民满意的教育，成为金州新区教育发展的重大任务。

第三节　改革创新：教育优先发展

进入21世纪以来，人类社会日趋呈现大发展、大变革、大调整的复杂景观。世界多极化、经济全球化深入发展，科技进步日新月异，人才竞争日趋激烈，知识经济已经成为人类社会经济发展的原动力，科教兴国成为加速我国社会主义现代化建设的重要方针之一。

《教育规划纲要》指出，必须始终坚持把教育摆在优先发展的

位置。要按照面向现代化、面向世界、面向未来的要求，适应全面建设小康社会、建设创新型国家的需要，坚持育人为本，以改革创新为动力，以促进公平为重点，以提高质量为核心，全面实施素质教育，推动教育事业在新的历史起点上科学发展。各级党委和政府要把优先发展教育作为贯彻落实科学发展观的一项基本要求，切实保证经济社会发展规划优先安排教育发展，财政资金优先保障教育投入，公共资源优先满足教育和人力资源开发需要。

优先发展教育，努力办好人民满意的教育，是党和国家提出并长期坚持的一项重大方针，也是金州新区党工委、管委会贯彻落实科学发展观的一项政策体现。优先发展教育，努力办好人民满意的教育，是促进金州新区经济不断实现跨越发展的强烈诉求，是金州新区保障和改善民生、促进社会和谐以及建设国内一流、国际知名新区的必然要求。

▲ 金州新区党工委书记、管委会主任徐长元在全区教育工作大会上强调优先发展教育

与此同时，作为中国经济技术开发开放的一个标志性窗口，金州新区已然处在发展关键时期，肩负更为艰巨的使命。与此同时，随着经济建设、政治建设、文化建设、社会建设以及生态文明建设的全面推进，工业化、信息化、城镇化、市场化以及国际化的深入发展，对金州新区的教育发展提出了更高要求。

一、目标高定位

金州新区现有常住人口110万，下辖20个街道，现有各级各类学校635所，涵盖了教育的各个门类。其中基础教育阶段共有中小学88所，在校学生7.8万人；幼儿园145所，在园幼儿2万余人；其他中等职业学校、社区学校、民办教育机构400多所；区域内建有教师进修学校、教育信息技术中心、特殊教育学校、素质教育中心；另有驻区高校11所，美国学校、韩国学校等国际学校。

为实现办好人民满意的教育的宗旨，金州新区决定以提高教育质量为核心，以提升教育内涵为重点，高标准打造教育家型校长队伍、智慧型教师队伍、特色化课程资源、生态化教育环境、现代化教学设施、人文化管理体制和高效化工作机制；力争经过2—3年努力，确保金州新区教育水平达到全省乃至全国一流，努力构建广大人民群众和外来投资者满意的教育环境，使金州新区的教育成为一道美丽的风景线、一张清新亮丽的名片；力争到2015年全面实现区域教育均衡化、国际化、特色化，基本建成“国内一流、国际知名”的现代化教育强区。

二、经费大投入

为贯彻落实《教育规划纲要》精神，确保教育发展目标的实现，金州新区财政资金优先保障教育投入，并不断加大教育投入力度，教育财政拨款的增长一直高于财政经常性收入的增长。近三年，金州新区一方面以加大教育投入为手段，不断建立和完善门类齐全、布局合理的教育体系；另一方面，确保生均教育费用和生均公用经费连年增加，生均教育经费由 2010 年的 11607 元增加到 2012 年的 19744 元，生均公用经费也由 2010 年的 1075 元增加到 2012 年的 1300 元，增幅较大。金州新区的教师工资连年大幅增加，并按时足额发放。

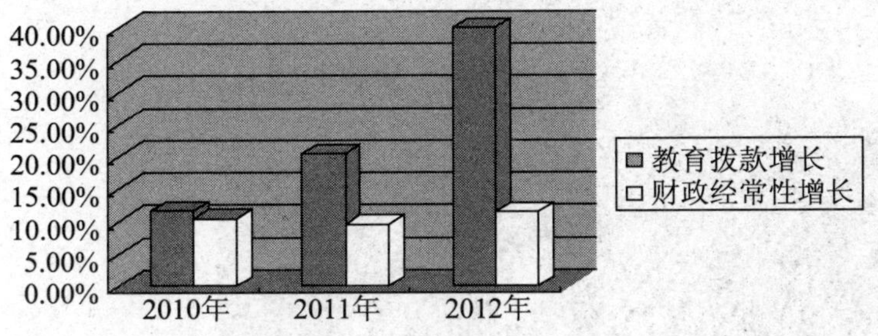

图 1－1　金州新区 2010—2012 年教育经费投入增长统计

金州新区建立健全教育投入保障机制，2011 年财政教育支出占公共财政支出的比例达到了 11.6%；同时，严格按照国家、省市有关规定，足额征收教育费附加和地方教育附加。从 2011 年 1 月 1 日起，根据国发〔2011〕22 号和辽财非〔2011〕658 号文件规定，金州新区按照土地出让净收益 10% 的比例，计提教育资金共计 2993 万元，全部用于发展教育事业。“十一五”期间财政性教育经费投入年均增长 17.3%，占财政经常性支出约 20%。学校软硬环境、办学条件、教师的收入水平都处于辽宁省前列。从2012年开始，金州新区在保证教师工资、校舍建设等经费正常支出的基础上，将连续三年以每年净增加一个亿的教育投入，为创设优美的校园环境，推进教育改革与创新，提升教育内涵、创建教育特色提供资金支持和物质保障，全力助推学前教育高位普及发展、义务教育优质均衡发展、普通高中优质特色发展、职业教育创新联动发展、继续教育多元协调发展、特殊教育全面健康发展。

▲ 金州新区党工委副书记、管委会副主任杨广志在全区教师节大会上强调加大教育投入

第四节　发展理念：多元开放，国际融合

金州新区教育综合改革实验区建立之初，中国教科院院长袁振国提出了“多元开放，国际融合”的区域教育发展理念。三年来，

金州新区党工委、管委会高度珍视与中国教科院的合作，高度重视教育综合改革实验区的建设，坚定不移地贯彻“多元开放，国际融合”的发展理念。

一、内涵意义

“多元开放，国际融合”主要是指以多元开放的观念和教育国际化的思路谋划区域教育的发展。

▲ 金州新区管委会副主任宋海青高度重视“多元开放，国际融合”的区域教育发展定位

“多元”是教育资源的多元，是教育管理制度、办学体制、办学形式等的多元。“开放”是对具有不同文化背景的教育资源的充分认同与借鉴，是对教育管理制度、办学体制、办学形式等的多元化探索。就其实质追求来说，教育的多元开放就是要尊重教育文化的价值性、多元性和差异性，要充分继承和包容多元的人类优秀文

化，要合理发挥教育资源的动力效能，要科学规划教育发展的实践模式。总之，多元开放的价值指向就是要改革与创新，创设和优化促进区域教育发展的文化资源、文化环境与动力系统。

“国际融合”主要是在教育观念、教育思想、教育内容、教育体制、人力资源、办学方式以及课堂教学形式上，用国际的视野、国际的标准来把握和考量；是在了解教育国际标准、追赶世界发达水平的过程中，结合本地实际，保持本土优秀文化传统，真正参与到国际活动中去，并把我们的影响带到国际上去。化者，是双方面的过程，不是说单方面地受其他人的影响。受人家的“化”也去“化”人家，这才叫国际化。凡是人家先进的东西、进步的东西，我们都去学习；在这个过程中，也把我们好的东西输送出去，这就是对人类的贡献。这些是国际化的真谛。

▲ 时任大连经济技术开发区教育卫生局局长李巍积极践行“多元开放，国际融合”理念

“多元开放，国际融合”的理念，是在充分关照教育规律和立足国际大视野的背景下，对教育发展的一种创新观点，也是对金州新区经济、社会、教育特征与发展趋势进行深刻分析和前瞻性战略思考的基础上所作出的精准判断，是对金州新区教育改革和发展所作

出的精确定位，更对金州新区教育综合改革实验区建设发展提出了高标准追求。

金州新区承载着坚决实施国家区域发展战略，全面参与投入国际竞争，积极抢占改革开放、体制机制和新兴产业发展的“制高点”，并引领大连经济腾飞发展和全域城市化建设的光荣使命。对此，金州新区教育的使命无疑更为重要和关键。

汇聚两区原有的优势资源和优良传统的金州新区，教育力量得到显著加强。但随着行政区规模的扩大，教育体量格局也发生了变化：教育人口迅速增加，生源结构复杂多元，资源配置、体制机制及教育观念存在一定差异。如何通过改革创新保证区域教育各种资源和各种制度体制的系统运行，这对区域教育发展提出了艰巨的任务和严峻的挑战。

▲ 金州新区管委会副主任秦淑华在中国教科院实验区联席会上介绍“多元开放，国际融合”实践经验

面向未来，在教育实践中探索一条在全国范围内具有引领和启示价值的特色发展之路，进而在这片具有多元开放环境优势的土地

上，培养坚定守望民族精神、具有国际意识、国际交往能力和国际竞争能力的人才，开发一种可以走向世界、推向国际的高品质教育实践模式，是金州新区所追求的崇高理想。

▲ 金州新区教育文化体育局局长高奇志积极谋求“多元开放，国际融合”理念的深化发展与实践创新

要实现肩负的光荣使命、承载的艰巨任务和追求的崇高理想，必须在经济和社会发展的大背景与国际大视野下谋划改革创新，无疑，这正需要走“多元开放，国际融合”之路。

二、实践模式

金州新区党工委、管委会高度重视区域教育发展，大力实施“科教兴区”、“人才强区”战略，在《教育规划纲要》和《辽宁省中长期教育改革和发展规划纲要》精神的指导下，在对区域经济社

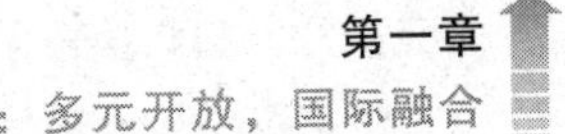

会发展整体状况和教育发展基本特征进行系统缜密分析的基础上，科学制定了《金州新区“十二五”教育事业发展规划》，明确提出了教育事业超前发展、育人为本、全域统筹、改革创新、以质图强的工作方针和“多元开放，国际融合”的总体发展理念。

▲ 金州新区教育文化体育局副局长宫学莉
布置金州新区实验区建设与发展工作

在“多元开放，国际融合”发展理念的引导下，金州新区以“促进均衡，优质发展”为战略目标，以“文化培育，内涵突破”为实践主题，以“科研引领，改革创新”为实践动力，重点通过开展改革实验，来实现区域教育文化的培育、教师队伍素质的提升、课程教学的有效实施、教育国际化的高标准推进以及教师队伍管理制度和教科研活动机制的创新，从而促进区域教育的内涵发展、均衡发展和优质发展。

▲ 中国教科院领导在金州新区管委会及教育文化体育局领导陪同下参观金州新区教育成果

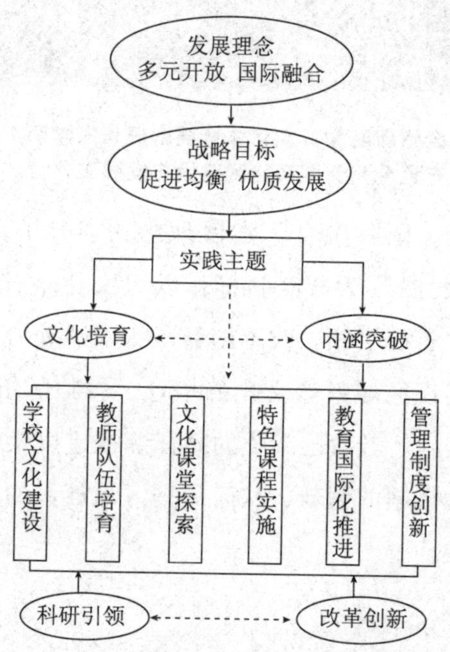

图 1－2　金州新区“多元开放，国际融合”理念下教育综合改革实践模式

第二章 教育国际化创新探索

教育国际化是指在经济全球化、贸易自由化的背景下，以培养国际化人才为目标的不同国家教育理念、教育内容、教育方法、教育模式等的相互交流、合作、碰撞与融合的过程。《教育规划纲要》从教育发展战略的高度明确提出，“开展多层次、宽领域的教育交流与合作，提高我国教育国际化水平。借鉴先进的教育理念和教育经验，促进我国教育改革发展，提升我国教育的国际地位、影响力和竞争力”，“培养大批具有国际视野、通晓国际规则、能够参与国际竞争的国际化人才”。可以说，教育国际化既是当今世界教育发展的一个重要特征，也是我国教育改革与发展的重要趋向。

金州新区属于大连新市区中心区和航运中心核心区，是东北最前沿的开放城区。目前，该区已有来自世界 48 个国家和地区的外资项目3000余个，长期学习居住的外国人达4万多人。外企员工子女中有300多人在普通中小学就读，近400人在美国学校、枫叶国际学校、韩国学校等国际学校就读。同时，每年还有众多外宾前来参加各项国际活动，形成了浓厚的国际化氛围。

开放的环境促进了文化融合，文化的融合推动了教育的交流，区域经济社会的快速发展对国际化人才的需求也更为迫切。新区党工委、管委会提出了打造“国内一流、国际知名特色新区”的发展目标，教育工作也进一步明确了“多元开放，国际融合”的工作思路和“规范化、均衡化、优质化、特色化、多元化、国际化、信息化”的发展目标。《金州新区教育事业“十二五”发展规划》中明确提出实施“教育国际化拓展工程”，到2015年，建成区域性国际化人才教育培训基地。

第一节　区域教育国际化目标定位与战略思路

一、区域教育国际化目标定位

教育国际化是一个学习借鉴国外教育发展的先进经验，吸纳其优秀成果的过程，也是一个加强本土文化的传承与传播，逐步培养和提高我们自身通过教育与世界平等对话的实力和能力的过程。既然称“化”，那就绝不是一个单向“引进”的过程，而是“引进”与“输出”的双向流动，是二者的不断循环递进。

（一）弘扬中国优秀文化，彰显本土化基因

教育国际化建立在对本国教育特色充分理解的基础之上，学校在推进国际化的过程中，要结合本土文化的特点，最终通过教育的国际

化发展实现教育的本土化发展。教育本土化的合理性就在于它是基于对教育民族性的认同和深厚民族情感追求的历史的、具体的教育理性。因此，对于教育国际化不能只关注外语课的开设、教师学生的交流、外籍教师、国际课程的引入等这些形式和表象，而要在教育的思想、观念、内容、体制、师资、办学方式、课堂教学等方面追赶世界发达水平，了解并借鉴他们的先进经验，更重要的是要保持、弘扬我们的优秀文化传统，并结合本土实际，真正参与到国际活动中，真正把我们的影响带到国际上去，这才是国际化的真谛。

（二）立足民族精神培育、提升国际化素养

金州新区立足区域发展实际，深刻理解教育国际化的意义与内涵，深入贯彻落实《教育规划纲要》精神，科学定位区域教育国际化发展的方向，确立了区域教育国际化发展目标：立足于培养具有民族精神和国际素养的学生；以开放的观念来汇聚国际化教育资源；坚守本根，有机融合，和谐共生。

在实践中，以教育行政为主导，以学校为主体，以课程为主线，以科研为保障，大胆探索，勇于开拓，不断开掘教育国际化资源，积极搭建教育国际交流合作平台，推动教育国际化向纵深发展，促进区域教育质量和教育现代化水平的提高，扩大区域教育的国际影响力。

二、区域教育国际化战略思路

金州新区教育国际化发展的战略思路是：以交流促了解，以了解求合作，以合作促融合，以融合达共生。其宗旨是：在交流中拓宽文化视域，在合作中促进文化自觉，在融合中达成文化自新，在共生中实现文化自强。

（一）以交流促了解：拓宽文化视域

当今世界的时代特征是全球化，各民族、各国家之间既相互依赖，又相互竞争。我们必须主动加强与外部的交流，拓展国际视野，提高自身与世界各国人民平等交往、和谐相处的修养与技能，了解世界基本问题，认识国际社会组织，养成对不同文化理解、尊重和宽容的态度，懂得国际竞争与合作的法则。

（二）以了解求合作：促进文化自觉

了解是合作的基础。在交流合作过程中，理念、价值、制度、习俗等不断发生碰撞，我们在对外部了解加深的同时，也不断促进了对自身的反省和深刻认识，促进了文化自觉。文化自觉是指生活在一定文化中的人对其文化应有自知之明，明白它的来历、形成的过程、所具有的特色和它发展的趋向。

（三）以合作谋融合：达成文化自新

《庄子》有言：非彼无我，非我无所取。教育的交流合作，绝不意味着简单的拿来和移植，而是创造性地吸收、借鉴和改造，提升我们的教育发展水平。主体的文化自觉意识引导我们在与他者深度的交流合作中，在既往的民族感情、民族意识基础上，形成对时代精神和价值取向的融合与凝结，达成文化的自新与自信。

（四）以融合达共生：实现文化自强

多元文化的差异既是平等交流合作的现实基础，也是我们学习借鉴的资源。教育的融合是一种创新，是对自身优秀传统资源与世界先进成果经验进行创造性的开掘和利用，以积极的姿态应对竞争，不断提高教育的竞争力和影响力，对人类文明作出应有的贡献。对于自身文化的自觉、自信，最终的落脚点是实现文化自强。

第二节　区域教育国际化实践策略

根据区域教育国际化发展的战略思路，金州新区通过中外合作办学、建立友好学校、教师境外培训、推进双语教学、开设国际课程、开发国际理解校本课程、开展项目合作与课题研究以及开掘区内国际资源渗透文化、共建特色课程分享文化等渠道，开展区域教育国际化实践。

一、中外合作办学

中外合作办学是教育国际化的重要形式之一。地处金州新区的大连枫叶国际学校创办于 1995 年，是经辽宁省政府和加拿大不列颠哥伦比亚省政府批准创办的一所普通高中，采用中加两国教材，实施中西结合的教育。学校坚持“中西教育优化结合、实施素质教育”的办学理念，创立了中加融合的课程体系，构建了“双语双学历”体制，确定了国际化的办学定位。在办学理念的指导下，中国严格管理、严谨治学、勤奋刻苦的优良传统，与西方尊重个性、合作沟通、崇尚实践的思想方法在枫叶国际学校形成了优势互补、融合统一。目前，学校在校生规模达到3000 多人，其中来自欧、美、日、韩等 15 个国家的外籍留学生人数接近学生总数的 10%。

二、建立友好学校

金州新区与先进国家（地区）的学校建立了友好交流关系，搭建了稳定的国际交流平台，发展了实质性的合作关系。目前全区已有开发区一中、八中、十中、得胜高中、七中、二中、红梅小学、育才小学、金源小学、松林小学、童牛岭小学、金州高中、实验小学、春华小学、大连108中学等26所中小学参与了国际交流，与13个国家（地区）的22所学校建立了友好（姊妹）学校关系。近两年来，全区共有200多位教育工作者赴国外培训交流，有近30所学校的1000多名学生赴英、美、澳、新、日、韩和中国香港、中国台湾等地进行教育文化交流，接待友好学校来访600多人次。金州新区与友好学校间的定期交流互访已经步入常态化轨道，交流的形式由最初的考察发展为师生广泛参与的网络和信件的交流、课程共建、项目合作等，交流的内容与范畴也不断扩大和深入。

三、教师境外培训

教师是区域教育国际化发展的关键因素。目前，全区拥有来自美国、加拿大等10多个国家和地区的外籍教师300多名。金州新区在引进外籍教师的同时，积极推动教师境外学习培训，英国、新加坡、日本成为稳定的主要海外培训地。通过组织校长和教师出国培训交流，提升了他们的领导能力、专业知识和外语水平，更重要的是，直接接受国外先进教育理念和教育经验的机会能够极大地促进师资队伍的专业化建设。近年来，有出国培训经历的外语教师和双语教师，无论是教学能力还是教育研究水平都有明显提高，参加出国培训的80余位教师全部成长为骨干教师，撰写专题论文160多篇，对于全区的教学和科研都起到了很好的引领作用。

四、推进双语教学

外语教学是培养学生国际素养与跨文化交流能力的基本途径，而金州新区也始终把外语教学作为区域教育的品牌和特色。大连开发区早在20世纪90年代初期就力排众议，从小学一年级起在大连市率先实行了全域的英语教育，进而明确提出了“强化外语、推进双语”的发展策略。截至目前，全区已有8所学校成为国家级、省级双语教学实验学校，有5所学校开展了英语、日语双外语教学实验，有的学校还开展了英语、德语、韩语、日语等多外语教学实验，进一步丰富了外语教学内涵。经过努力，已经有6所学校组织编写了英语或双语系列教材，开发区松林小学和开发区第七中学被评选为“辽宁省双语实验先进学校”，外语教学和双语教学已成为区域教育的一张亮丽名片，初步实现了“提高学生外语水平，培养全球化社会所需要的双语人才”的工作目标。

五、引进国际课程

金州新区引进主流国际课程，将先进的教育理念和优质的教育资源引入学校的课程体系，以满足不同学生多元化、个性化的选择，为学生走向世界奠定了坚实的基础。如开发区第七中学于2009年获得了“IB国际学位”总部的准授权，开设了IB课程班，成为全国第三十九所、东北地区第一所IB国际学校。红星海学校高起点引进国际文凭（IB）课程、美国大学先修（AP）课程，现阶段的国际文凭（IB）课程中，引进了小学项目（PYP）、中学项目

（MYP）和国际文凭大学预科项目（DP）。到目前，新区开设的 IB 国际班已有 5 个，学生数达到 122 人，顺利实现了与 IB 教育国际体系的同步接轨。

六、开发国际理解校本课程

加强国际理解教育，倡导校本课程建设与国际理解相结合，增进学生对不同国家、不同民族、不同文化的认识和理解，拓展学生的国际视野，提升他们跨文化沟通的能力。如红星海学校就充分挖掘了国家课程中的国际教育资源，在地方课程中加强国际化教育，在校本课程中实施国际化教育，将多维课程体系有机整合，互为拓展，互为丰富，凸显了课程的整体化、系列化、科学化与国际化，形成了独树一帜的国际理解教育课程体系，为学生多元文化意识的形成奠定了基础。开发区第一中学、红梅小学等一批学校也都形成了各具特色的国际理解校本课程体系。

七、开展项目合作和课题研究

中小学参与中外合作项目和课题研究，使教育国际交流与合作逐步走向深入。如开发区第七中学成为国家汉办和英国大使馆“汉语助教项目”基地学校，自 2003 年以来参与了由英国大使馆文化教育处和英国北林肯郡教育局共同主持的中英教育合作项目，先后已有 13 名教师赴英国进行对外汉语教学工作，成绩斐然；董家沟小学与日本九州大学健康科学研究中心共同开展了“儿童的体力以及父母的生活习惯对其影响研究”这一课题研究活动；金源小学与其友好学校达成了足球训练协议，每年派10名小学生赴英国谢菲联俱乐部进行学习训练。

八、开掘国际资源渗透文化

金州新区深入挖掘区内国际教育资源，拓展教育交流合作的新渠道。如董家沟小学与世界知名半导体企业英特尔大连公司联合开展了“英特尔？未来教育”和“英特尔？求知计划”项目，以区企合作的形式促进多元文化认同；开发区第四中学与英特尔大连公司共同携手，从“英特尔英语进社区志愿者服务”到“英特尔志愿者爱心工程”，有效地开展多角度、多层次的跨文化教育。借助众多驻区知名外资企业的文化教育资源，积极引导其主动对学校进行教育服务的愿望，为构建区域教育国际化推进的新平台提供了新思路。

九、共建特色课程分享文化

基于中外教育文化的双向交流与共生，共建特色课程，分享文化。开发区第七中学积极开展跨语言的文化、艺术、体育等各学科以及培养学生创新精神和领导力等各具特色的多维共建课程项目，为国际化特色学校内涵建设不断补充新的给养。如以古诗词演唱、中英民歌演唱、中西器乐合奏、中英民间舞蹈赏析与学习等为主的艺术共建课程中，“古诗词演唱”是在语文、音乐、英语等多学科的教师、学生、家长共同参与开发的基础上，再邀请英国友好学校的师生共同参与的艺术共建课程之一，很多古诗词曲目在中英学生中广泛传唱。

第三节　区域教育国际化推进机制

金州新区教育国际化的推进，遵循以教育行政为主导，以学校为主体，以课程为主线，以科研为保障的原则。

一、以行政为主导

为加强国际交流，金州新区于2008年启动了“十百千”工程，即与十个国家和地区的教育交流与合作；一百名干部和教师的境外研修和培训工作；一千名学生的境外研学活动，支持和鼓励学校组织师生走出国门进行交流培训。

区教育行政部门制定下发了多份教育国际化方面的指导性文件，建立了推进教育国际化的工作规划和机制，进一步加强了对双语教学、学校对外交流合作、教师境外培训等工作的指导、规范和管理，使教育国际化工作扎实开展。金州新区还研究制定了《基础教育阶段国际化交流五年规划》和《国际化教育合作交流发展“十二五”规划》，对今后一段时期的工作进行了准确定位和科学规划，为下一步工作的持续推进提供了指导性依据。

二、以学校为主体

学校是教育工作的核心，也是教育国际化工作的主体。国际化对于培育具有自主性、开放性、创新性的现代学校有着积极的意义，其关键就是学校要具有国际化的理念与定位，在师资队伍、学校管理、课程教学、校园文化及对外交流合作等方面积极进取，兼收并蓄，弘扬民族优秀传统，不断创新发展。

在推进教育国际化进程中，金州新区各中小学高度统一认识，把开展国际化教育作为提高教育质量、提升教育内涵、增加学校竞争力的有效途径。工作中，各学校紧密结合德育工作、课程改革、师资培训、校本课程开发等来推进实施国际化教育，学校之间也加强合作，相互帮助，密切配合，逐步形成了良性发展的局面。

三、以课程为主线

课程是国际化人才培养的重要载体。金州新区在教育国际化推进过程中，重视课程建设国际化，倡导各中小学充分利用自己的优势和特色，从课程设置、教学内容、校本课开发等方面不断探索革新，从学科渗透、主题活动、特色课程开发三个方面入手，构建各具特点的国际化教育课程体系，让学生了解多元文化、国际规则和全球问题等背景知识，在探究与体验的基础上，拓宽学生的视野。

在鼓励学校开展国际课程探索的同时，课程设计要充分考虑学生与学校的特点，在培养学生国际素养的同时，更加注重培养学生对中华民族的认同感与自豪感。

四、以科研为引领

金州新区高度重视对教育国际化的研究工作，以课题研究为抓手，为全区教育国际化的科学决策与实践推进提供了有力的理论支撑。2006年，成功申报了省级教育科研课题《推动基础教育国际合作交流平台建设研究》，由局领导担任课题主持人，9所学校参与了课题。该课题2009年顺利通过省教育科学规划办的验收，获得辽宁省“十一五”优秀教育科研成果奖，并汇编成《大连开发区国际化教育理论与实践》一书正式出版。

近年来，区里还承担了全国教育科学“十五”重点课题《初中双语教育教学实践研究》等教育科研项目，由开发区七中申报的国家“十二五”课题《中学国际化教育实践研究》已经立项。金州新区已逐渐成为大连市乃至辽宁全省教育国际化理论研究的引领者和排头兵。

国际化是教育发展的必然，也是区域教育高质量、高品位发展的必然选择。教育国际化不是形式，更不是口号，而是教育真正需要的一项实实在在的工作。金州新区教育国际化的发展，有力地促进了学生多元化发展，有力地推动了教师专业化成长，有力地推进了学校特色化建设，有力地助推了区域教育的内涵式发展。教育国际化带动了教育观念的转变、管理水平的提高、教师素质的提升和教育质量的整体飞跃，成为金州新区教育创新发展的一大动力。

第四节　区域教育国际化实践典型案例

一、大连枫叶国际学校：三个结合、两个认证、一个对接

大连枫叶国际学校于1995年建校，自创办以来，一直秉承“中西教育优化结合，全面实施素质教育”的办学理念，致力于不分种族、肤色，为受教育者提供一流的教育服务。

枫叶国际学校在实践中构建了“三个结合、两项认证、一个对接”的教育模式。“三个结合”指中西教育思想的结合，中加教师队伍的结合，中加课程和教学资源的结合。“两项认证”指中英双语和中加双学历的认证体系，学生完成学业，即可获得中加两国教育部门颁发的高中毕业证书。“一个对接”指枫叶学校实现了与国外高等教育的全面对接，学生凭枫叶学校成绩单，可免托福、雅思成绩直接申报大学，枫叶学校的学分全球认可。

在这个模式下，枫叶学校高中开设中加两国课程，中英双语教学。加方的数、理、化等课程的听课、阅读、作业、质疑、交流等，全都要用英语完成，学生达到了深入专业领域的英语应用能力。英语课程让学生接触到原版世界名著，如莎士比亚、海明威的原创作品，从中获取精准的语言感受，触及西方文化的核心。同时，英语艺术节，英语戏剧等各类英语活动，更为学生使用英语提供了条件，枫叶学校高中学生的英语水平已经达到或接近了母语的程度。

枫叶学校为学生提供了类别丰富的选修课程。教师指导学生按能力分层选课，学生一人一课表，走班制上课。能力强的学生可以提前修满学分毕业，可以更多选修大学先修（AP）课程；基础薄弱的学生可以一边强化英语、一边修加方学分，学制可以延长为4年。枫叶学校认可学生的各种特长，认可多元智能，全面评价学生的综合素质，各种特长都有选修课程对接，每科选修学分都能用于申请大学。

2010年，枫叶学校将人才培养目标从国际化转型为精英化，即培养未来的政治家、科学家，各行各业的领袖人物乃至世界500强的CEO，这是一次重大的转型。为此，枫叶学校构建了育人体系、课程体系、文化体系、人才体系和发展体系“五大基础工程”。

17 年来，枫叶学校向社会输出了大批人才，积累了丰硕的办学成果，迄今已培养了 14 届毕业生，共计 5600 多人，这些毕业生陆续进入了世界 20 多个国家的 351 所大学，其中 2012 届毕业生 1022 人，58% 升入世界排名前 100 位的大学，一批枫叶学子进入了诸如剑桥大学、斯坦福大学、康奈尔大学等一流名校。

二、红星海学校：中国情，民族魂，世界观

大连经济技术开发区红星海学校（北京十一学校大连实验学校）是一所十二年一贯制公立学校。学校秉承“多元发展，国际融合”的区域发展理念，引进北京十一学校的优质办学资源，全力打造一所具有鲜明的“民族化、国际化、现代化”特色的“国内一流，国际知名”的品牌学校。

在国际化教育实践与研究中，学校以“上善若水，融荣而生”为发展哲学，以“中国情，民族魂，世界观”为做人哲学，以“倡百家，融一家，成自家”为做事哲学，让学生胸怀祖国，放眼世界。

（一）用民族的心牵世界的手——根的素养，让学生拥有行走世界的根基

行走在红星海学校的校园里，就仿佛是走在一个开放的图书馆中，处处可见的是图书吧及沉浸于典籍阅读中的学生。阅读《论语》等积淀着智慧结晶、映射着理性光辉的中华经典，能让学生接受中华优秀文化的熏陶，感受中华传统美德的深刻内涵，增强民族的自豪感和民族凝聚力，为学生牢牢地扎下中国传统文化之“根”，

为他们未来自信地行走世界、传播中华传统文化打下坚实基础。此外，历史国学功能教室设有编钟、古琴、马踏飞燕及数字化触摸屏，学生置身其间就似乎回到数百年前，在耳濡目染中学习中国上下五千年的时代变迁，感悟传统文化的深厚底蕴。

（二）倡百家，融一家，成自家——和的素养，让学生具有行走世界的能力

学校在课程构建与实施过程中，将多维课程体系有机整合，互为拓展，互为丰富，凸显了课程的整体化、系列化、科学化与国际化，为学生多元文化意识的形成奠定基础，促使学生充分发展潜能、悦纳自我、与世界和谐共融，成长为一个健康的、有趣味的、有根的、多元的、卓越的公民。学校在国家课程中挖掘国际化教育资源，在地方课程中加强国际化教育，在校本课程中实施国际化教育，全方位培养了学生的多元文化素养。同时，学校高起点引进国际文凭（IB）课程、美国大学先修（AP）课程，以满足不同学生多元化、个性化的选择，为学校国际化教育的持续有效发展提供切实的保证，为教师专业化发展提供更高的平台，为学生走向世界奠定坚实的基础。

（三）责任、国家、世界——时空的素养，让学生站在世界的平台深入思考未来

学校秉承“责任、国家、世界”的校训，引导学生就“水资源”、“环境”等世界热点问题开展系列论坛，并在“世界地球日”开展系列主题活动，让学生立足身边、放眼世界，立足今天、思考未来，从而拥有更广阔的胸怀和世界眼光，产生强烈的责任感和使命感，未来在世界范围内承担起更多的责任。

行走在国际化的道路上，学校始终坚持“中国情、民族魂、世

界观”的理念，不断拓展国际教育交流途径，开展多层次宽领域的国际交流与合作。不足一年里，学校就接待了来自英国、美国、荷兰、比利时、日本、韩国等12个国家的国际教育访问团，学校的国际化教育交流工作呈现出勃勃生机。英特尔公司的几位副总裁及教育项目负责人曾多次考察学校，对学校的科学教育走向国际给予指导并寄予厚望；荷兰课程开发研究所专家Jenne Van Denveld先生和荷兰莱顿大学教学研究院教育顾问Henk Frencken先生参观访问学校，介绍了荷兰教育体制及模式；世界知名的英国建筑设计集团的Ian R Chapman先生一行到学校参观，并与初中部的学生互动交流；来自日本池坊中央研究院的增田由美子教授和落合琴美教授为孩子们传授插花及茶道艺术。多种国际交流活动，开阔了学生的视野，促进了学生的幸福成长。

三、开发区第七中学：中国国旗在国外校园飘扬

自2000年建校以来，大连开发区第七中学始终坚持走内涵发展的道路，经过12年的教育研究与实践，逐步经历了“双语特色项目——六大办学特色——国际化教育特色学校”的发展历程。作为一所国际化教育特色学校，学校在夯实双语教育的基础上，积极开展多渠道、宽领域的国际教育交流，狠抓“多元文化分享，多维课程共建”，长期开展海外对外汉语教学即汉语国际教育工作，丰富了国际化教育特色学校内涵，推动了国际化教育特色学校的健康发展。

（一）更新教育观念，凝聚国际化教育特色学校的教育理念

学校明确提出“创办人民满意、社会认可的现代化、国际化的

品牌学校”的办学目标，秉承“中国情、民族魂、世界观”的国际化教育理念，把“在国际理解和国际融合的国际交流中，分享多元文化，共促世界文明，将学生培养成为身心健康、能够传承与弘扬民族文化的新生力量，成为具有国际视野、懂得理解和尊重多元文化的国际化人才”作为国际化教育特色学校的培养目标。

学校提出“多元发展，国际融合，文化分享，追求卓越”的国际化教育思想，崇尚“上善若水，多元共生”的文化理念，坚持“民族化和国际化相结合、大众化与特色化相结合、精品化与多样化相结合”的原则，从而确保国际化教育特色学校建设走上健康、可持续发展的道路。

（二）建立国际校际合作体，拓展国际化教育特色学校的发展空间

通过不断扩大校际合作的途径和范围，逐步建立“内地—港澳台—国际”多层次宽领域国际校际合作体，实现不同区域、不同层次、不同理念、不同方法、不同领域的有效融合。

学校先后与英国梅丽尔学校、新加坡基督堂中学、韩国文华中学、美国森林公园中学等建立友好学校关系，还与加拿大、澳大利亚、德国、日本等国家的学校发展交流合作关系。外国教育考察团、友好校来校进行交流合作共计35次275人。学校领导班子出国考察交流达32人次，75名教师先后在国外进行短期培训和长期学习进修，极大地推动了教师专业化发展，提高了教师的教育教学水平。12年来，学校有261名学生先后赴英国、美国、澳大利亚、法国、韩国、新加坡等15个国家进行交流合作。学校还积极通过开展不同国家校际间的互访以及社会实践与研究性学习，来拓展学生的国际视野，培养学生对世界多元文化的国际理解能力，尊重不同的文化，从而实现和谐共生、国际融合的国际化教育目标。

（三）开发国际多维课程，丰富国际化教育特色学校的内涵建设

学校积极开发多维共建课程项目，为国际化特色学校内涵建设不断补充新的给养。“多元文化分享，多维课程共建”策略的实施保证了国际教育交流的质量，将国际先进的教育理念和文化融入本土教育和学习过程中，也不断地丰富着国际化教育的内涵。

开发“国际多维课程”需要国内外学生、教师、家长、社会人士等不同层面的人员共同参与，同时课程资源可以来自国内外学校、家庭、社区等多维空间。随着多维共建课程的开发，学校不断生成国际化教育特色创新的增长点，引领学校国际化教育向纵深发展。目前学校已成功开发的共建课程包含艺术、体育、美术、双语、多元传统文化、国内社会实践与研究性学习、海外社会实践与研究性学习、学生社团活动以及国内对外汉语短期课程等九大门类。其中，艺术共建课程以古诗词演唱、中英民歌演唱、中西器乐合奏、中英民间舞蹈赏析与学习等为主；体育共建课程是以中国大课间操、武术、太极拳、八段锦等中国健身文化分享为主；多元传统文化共建课程以“学写汉字”、“中国画”、“中国传统游戏”、“学唱中国戏曲”、“文化衫设计与绘画”、“放风筝”、“英国经典戏剧、歌剧、电影等配音”、“英国传统诗歌诵读”、“过年与圣诞”等为主要内容。

（四）开展汉语国际教育，扩大国际化教育特色学校的国际知名度

自 2003 年以来，学校参与了由英国大使馆文化教育处和英国北林肯郡教育局共同主持的中英教育合作项目。学校的汉语国际教育成绩斐然，先后已有 14 名教师赴英国进行对外汉语教学工作。英国北林肯郡的中小学掀起了学习汉语的热潮，学生们学中国话、

写中国字、唱中文歌、画中国画、学中国功夫、练中国课间操，分享中国健身文化，校园里充满着浓郁的中国文化氛围。中英两国国旗同时在英国校园升起，中国民歌《茉莉花》在那里也被广为传唱。

学校与北林肯郡教育交流合作的经验和成绩受到了英国女王和英国教育部的高度重视。英国驻中国大使馆大使欧威廉爵士给学校发来信函，对学校所做的工作表示感谢和敬意，并希望第七中学在教育交流方面有新的突破和发展。在中国首次试点的2009—2010年度中英“校际交流奖”的评估活动中，七中荣获中英“校际交流奖”（高级）。评估专家对七中国际教育交流的成果给予了高度评价，并将七中国际教育交流案例作为全球性样板案例推广。2012年6月，七中获得了中英校际连线课程共建种子基金。

四、红梅小学：从双外语见长到国际课程建设联动

大连开发区红梅小学是大连市首批确定的外国人定点就读学校，建校以来，先后有近百名外籍学生来校就读。在教育国际化的进程中，学校起步较早，从英语单项突出到多门外语并行，从关注课堂到关注课程，从关注知识到关注文化，学校教育国际化不断趋向于内涵式、高品质发展。

（一）强化外语教学优势，夯实学校教育国际化发展基础

1993年红梅小学建校伊始，即将学校的培养目标定位为“英语见长”，并率先在全市以小学一年级为起点开设并普及英语教学；2005年，学校将培养目标由最初的“英语见长”扩展为“英语突出，双外语见长，彰显个性、教育多元”，并率先在全市开设日语、

韩语第二外语课程，多门外语并行教学为红梅小学教育国际化打下了坚实的基础。

作为学校发展的优势品牌项目，红梅小学的外语教学一直在改革中前行。学校通过实施分层教学，实行外语教学“走班制”；通过建设外语学科延展课程，为学生提供参与语言实战的机会；通过落实“学分制”，保证学生在不同程度上逐级进步。

外语教学的有效推进，奠定了学生扎实的语言基础。在历届英语学科竞赛、英语演讲比赛、日语演讲比赛等赛事中，红梅小学一直走在大连市前列，出现了令全市英语教学界惊叹的“红梅现象”。

（二）立足课程建设，实现学校教育国际化内涵式发展

课程是实现学校教育国际化趋向内涵式发展的基础和载体。在课程整体设计理念中，红梅小学重点体现了这样几个关键词：传统、多元、开放。学校将“中国灵魂，世界公民”作为课程育人目标，构建了多元文化课程、国际理解课程、领袖潜质课程、社会联动课程四位一体的课程体系，涵盖语言、人文、科学、艺术、体育、社会六大课程体系的拥有48门课程的“课程超市”，让学生有充分的课程选择权。国画、陶艺、古琴、围棋、茶道等一系列传统文化类校本课程，跆拳道、国际象棋、国际跳棋、棒球、网球等异域文化类课程都成为学生们争相选择的课程。此外，红梅小学还开展有一年一度的“国际文化月”和“多元文化艺术节”等活动，这些都成为学生了解世界、与世界沟通融合的舞台。

（三）拓宽对外交流合作领域，提升学校教育国际化效益品质

从20世纪90年代末，红梅小学就多次接待来自美国、英国、加拿大、日本等国家教育考察团来校访问交流，学校领导和老师也有多人次到国外进行考察交流学习，教育国际化成果显著。近年

来，红梅小学先后与新加坡南华小学、武吉班让小学、加拿大国际学校、日本大阪界市小学建立友好校关系，先后组织40多名教师、400多名学生赴境外进行教育文化交流。

2012年，学校在总结以往成功经验、不断扩大交流范围、提高交流质量的基础上，充分挖掘本区域的多元文化资源，就学校管理、文化建设、课程设置、教学研究等方面扩大与区域内国际学校的交流合作。其中，与外籍教师开展的“中外联合教研”模式，成为学校教育国际化在教师队伍建设领域中的首创。此外，学校还设计相关主题，与美国国际学校、韩国国际学校等国际友好学校开展主题式、系列化的游学实践活动，通过这些活动，逐步提高师生的多元文化素养和国际视野。

五、大连模特艺术学校：让中国美丽绽放国际T型台

坐落于风景秀丽、气候宜人的国家级风景名胜区——大连金石滩的大连模特艺术学校创建于1993年，是中国第一所培养职业模特的中等专业学校，2004年被评为国家级重点学校、辽宁省省级重点示范学校。

大连模特艺术学校是一所伴随着大连对外开放成长起来的学校，在“专业化、国际化”办学定位的指导下，学校先后与韩国、日本、意大利、美国、法国、中国台湾等地的诸多团体建立了长期交流与合作的关系，先后57次共有近600名师生应邀组团赴日韩、欧美、港台等十几个国家和地区进行模特表演、服装展示、美发化妆、广告拍摄以及专业教学交流，为学校进行国际间文化交流积累了得天独厚的优势和条件。

学校现已有60余人在世界超模、中国超模、中国模特之星等世界级和国家级各类模特大赛中获奖；多次承担大连国际服装节、中国青年时装设计大赛、名师名作展演、日本火焰节、宁波服装节等海内外大型时装演出；应邀组团赴美国、日本、韩国、泰国、马来西亚、中国香港等国家和地区进行了多次访问演出和广告拍摄，在海内外享有较高知名度。同时，学校长年担负着政府委派的重大礼宾礼仪服务，出色地迎送了国际奥委会主席萨马兰奇、美国前国务卿基辛格、国务院总理朱镕基、印度总统纳拉亚南、俄前总统叶利钦等重要人物。

尼泊尔国王、新西兰前总理、美国休斯敦市长、驻华使团、中央新闻媒体采访团、海外学子代表团、斐济总统、越南副总理、韩国前总理、亚欧经济部长、加拿大华人学会、文莱总统、新加坡政府代表团、日本议会访华团、法国高级时装公会主席雅克·穆克里埃等众多海内外著名友好人士及社团访问了学校。

中央电视台、《人民画报》、《中国日报》、《朝日新闻》、《每日新闻》、《韩国日报》、《泰国日报》、日本朝日电视台、日本NHK电视台、香港凤凰卫视等诸多海内外新闻媒体多次对于梅校长和学校进行了专题采访和报道。

六、开发区第一中学：多元发展的国际化教育新模式探索

开发区第一中学秉承“教育至上，多元发展”的办学理念，依托多元课程建设，促进学生多元发展。学校积极创设国际交流渠道，加强教育交流与合作，大力拓展学生国际视野，提升学生国际化素养和能力，向着“高质量、有特色、国际化”的发展目标不断迈进。

（一）开展国际交流与合作，拓宽学生的国际视野

学校以建立友好学校为纽带，为师生往来交流搭平台，先后与英国北林肯郡贝思加思中学、日本仓敷高中结为友好学校，与对方进行了频繁的交流和务实的合作。根据规划，学校将在已有的基础上，在亚洲、美洲、欧洲、澳洲再建3所以上国际友好学校，使国际友好学校总数达到5—6所，在人员交流与教育经验交流方面迈出更大步伐。

学校还与北京中国国际教育信息网签订协议，成为开发区国际教育交流的第一个基地，并成为国家留学基金委员会留学预科学院出国留学人才选拔基地。

（二）开发校本课程，提高学生的跨文化交流能力

学校国际交流类校本课程是高中语言文化领域和综合实践活动领域的拓展课程，由日语、韩语、国外考察、国外研修、国际夏令营、国际冬令营等多个课程模块组成。它以语言为基础，以语言学习和实地考察式的体验性学习为手段，在促进学生语言智能发展的同时，增强学生国际意识，拓展学生国际视野，提高学生国际交往能力，为学生面向未来和国际化发展打下坚实的基础。

（三）开拓促进学生多元发展的国际学生交流新路径

为促进学生的多元化发展，学校积极探索符合区情且易于操作的国际学生交流新路径。初步构想为以下两个模式。

一是“中转模式”。校内有国际交流意向的学生，高一、高二期间在国内完成国家规定的必修、选修Ⅰ课程并取得所要求的相应学分之后，转入目标国家友好学校就读，选修友好学校设置的某些课程，作为学校选修Ⅱ课程的内容，在达到相关要求后，给予学分

认定。达到毕业要求之后，可在目标国家根据其规定和要求进入高等学校就读深造。友好学校有国际交流意向的学生也可据此逆向操作。

二是“直达模式”。校内有国际交流意向的学生，高中三年在国内完成国家规定的必修、选修Ⅰ、选修Ⅱ课程并取得所要求的相应学分，达到毕业要求后，根据目标国家的规定和要求前往目标国家高校就读和深造。

七、董家沟小学：英特尔®求知课程走进百年老校

董家沟小学是金州新区一所建校近百年、有着丰厚文化底蕴的学校。学校在新区“多元开放，国际融合”的基本理念和总体思路下，积极探索和构建合作平台，务实推进学校教育国际化发展。其中，与英特尔公司和日本九州大学开展的两项合作项目，成为学校国际化进程中的有力助推。

（一）英特尔®求知计划

董家沟小学与英特尔大连公司毗邻，公司部分员工子女在校就读。2008 年，“英特尔®未来教育”和“英特尔®求知计划”活动在董家沟小学正式启动，该活动旨在通过信息技术和资源的介入，培养学生适应 21 世纪发展的素养与技能。同年 10 月，学校新的校本课程——英特尔®求知计划课程正式实施，由英特尔公司志愿者以助教的形式参与教学。2009 年 12 月，英特尔志愿者爱心工程（IIMGP）“爱心在行动”的志愿者走进董家沟小学。此后的每个星期三下午，“助教求知计划”课堂成为特色教育的一道风景线。英特尔志愿者走进各个年级的课堂，开展英语教学、美术教学、科技

制作、电脑组装、智能拼图等活动，使学生接触到美式课堂教学，丰富了孩子们的视野，增长了他们的见识。

三年多的实践，英特尔教育理念与学校课堂教学的融合，推动了董家沟小学教育教学改革的进程。英特尔教育模式的特点渗透到各科教学，合作、创新、团队共进成了课堂的主旋律。2010 年，董家沟小学荣获由中央电化教育馆和英特尔（中国）有限公司共同颁发的“英特尔未来教育项目十周年表彰及应用成果展示活动”教学应用优秀学校奖。

（二）中日儿童成长研究

董家沟小学积极倡导“健康第一，发展第一”的理念，以“德美、智优、体健、趣雅”为育人目标，以“我健康、我快乐、我成长”为校训。自 2011 年始，与日本九州大学健康科学研究中心及大连师范学院联合开展了“儿童的体力以及父母的生活习惯对其影响研究”课题研究实践，每学期均开展专题调查监测和训练活动。

2011 年 5 月，九州大学的熊谷秋三教授考察学校。随后熊谷秋三教授一行对董家沟小学教师和大连大学的科研教师及 32 名大学生志愿者进行了研究培训，并对全体学生和家长进行了测试。2012 年 2 月，熊谷秋三教授带领研究人员到董家沟小学做了《中国少年儿童体力检测》的研究报告。与熊谷秋三教授及其团队的合作，为学校、家庭、社会共同合作在学生体力发展与学业成绩提升方面寻求新的突破奠定了基础，扩大了中日小学生健康发展方面交流的途径。

八、新桥艺术幼儿园：文化交流与国际理解从娃娃抓起

自建园以来，新桥艺术幼儿园始终秉承“以国际视野，培养全面发展幼儿”的宗旨，努力把“新幼”建设成为高标准、现代化、国际化的幼儿教育机构。截至目前，先后有近20个国家的幼儿在新桥艺术幼儿园学习生活过。幼儿园也接待过来自美国、英国、日本、澳大利亚等国的专家百余人来园进行合作研究、讲学。

（一）国际来访

2004年11月，幼儿园参与了由大连市政府牵头，大连市教育局承接，与英国北林肯郡教育局共同主持的“中英合作教育建设项目”。同年，接待了英国北林肯郡莱丁幼儿园园长戴安女士一行。到目前为止，北林肯郡已经组织了多个访华团来园进行友好访问，累计人数已经有300多位。通过这种形式的交流，教育界人士及学生充分参与体验了“中英校际连线”。他们在新幼的考察中看到了教师和幼儿的风采，深感这是一所具有自身文化品格和文化精神的名园。

（二）友好回访

根据“中英合作教育建设项目”的安排，杜春霞园长也对英国北林肯郡进行了友好访问。在英国期间了解了英国的学前教育体制和改革发展动态；学习了莱丁幼儿园成功的办园理念、管理经验；和对方初步商谈建立合作交流关系，并且介绍了中国的文化和“新幼”的办学特色和成功经验。

（三）教师交流

郭纯毅老师应英国北林迪赛大学校长的邀请，访问英国。他向英国的师生介绍中国的文化、饮食、传统节日并进行汉语教学和汉

语讲座，使英国的老师和学生对中国有了更多的认识和了解。

（四）节日互动

每逢西方圣诞节和我国新春佳节，中英两国的孩子们在老师的组织下，通过网络互动了解圣诞节和春节的习俗与渊源，制作彼此国家的节日吉祥物，加深孩子们对两国传统文化的了解。

第三章

学校文化整体性建构

文化的传承与创新是教育的本质属性。学校文化作为社会文化的有机组成部分，是实现教育本质的重要载体。学校文化决定学校的发展方向、发展策略、发展前途，也影响着学校人才培养目标的实现，是学校实现内涵式发展的关键所在。

文化既是软实力也是硬实力，文化的重要性使区域教育文化建设愈发成为区域教育发展的核心动力。以全域推进学校文化建设为切入点，以建设富有特色的区域教育文化为教育强盛的标志之一，金州新区高度重视学校文化建设，以全域建设高品位学校文化、整体提升区域教育品质为目标，从高起点凝聚和提炼办学核心理念入手，更新观念，科学规划，整体建构，高位提升，着力打造学校高质量的课程文化、高标准的制度文化和高品位的环境文化。立足于学校文化的“主体生成”，结合学校特色建设，通过行政全域推动和专家全程指导，经过不懈努力，金州新区的学校文化建设呈现生动局面，逐渐涌现出一批内涵丰富、特色鲜明、发展迅速且颇具影响力的特色学校，区域教育文化整体风格日益凸显。

第一节　学校文化建设的内涵、目标与原则

一、学校文化建设的内涵

学校文化是经过长期历史积淀形成的全校师生的教育实践活动方式及其所创造的成果的总和。学校文化的基本范畴包括：物质层面，如校园环境；制度层面，如各种规章制度；行为层面，如师生行为举止；精神层面，如价值观念、办学理念、群体心理意识等。学校文化的核心是办学理念。

学校办学理念是全校师生合理继承学校的传统文化并对学校在社会文化大背景下所承载的教育使命的一种价值判断和价值追求，也就是对学校“为了什么办教育”、“究竟办什么样的教育”和“如何办好这样的教育”的一种表征。它是一个系统，是学校办学宗旨、办学目标、办学思路、办学内容和办学策略的有机统一。校徽、校训、校风、教风、学风等都是学校办学理念的文化标识。

学校文化建设的主要内容包括：办学核心理念的凝聚与提炼，文化标识的设计，校园文化环境的建设，学校管理制度的制定，课程资源体系的建设，师生行为品质的塑造等。

学校文化建设是面向未来的教育发展的时代诉求。高层次学校建设必然注重学校文化内涵的建设，不重视文化建设的学校不可能

成为高品质学校，没有文化内涵的学校是更可怕的薄弱校。

二、学校文化建设的目标

学校文化是学校办学内涵的集中反映，学校特色是学校办学个性的具体体现。现代学校文化几乎决定了学校育人的方向和目标以及目标的落实。金州新区紧紧围绕“促进学生健康成长”的宗旨，全面探索现代学校文化建设，目标是“全域建设高品位学校文化，整体提升区域教育品质”。

在实践中，积极主张学校文化建设要以凝聚正确的办学理念为核心，进行整体建构。通过充分挖掘学校历史文化传统，汇聚全校师生员工的教育智慧，科学借鉴名校办学理念和办学特色，创造适合自己学校发展的学校文化；增强学校的品牌意识，以特色建设为牵动，整体规划、全面提升学校文化品质，大力提升全区教育的内涵品质。

三、学校文化建设的原则

金州新区在推进学校文化建设过程中，以“遵循本真、主体生成”为总体原则，强调突出主题、关照过程、追求和谐的实践操作原则。

（一）突出主题

教育是“为人”与“人为”的精神文化活动，教育的终极价值指向是使人“成人”。学校文化建设首先应以教育的本质为原点，对办学宗旨做返璞归真的追问，以文化为主题，一切内容设计和实施围绕这一主题展开。

（二）关照过程

人是文化建设的主体，文化要通过人“做”的过程生成。因此，学校文化建设要彰显人的主体性，全员参与并践行文化建设，要在实践过程中积淀、选择、凝聚、发展价值观念和行为方式，并在这一过程中不断形成学习文化。

（三）追求和谐

学校文化建设要以精神文化为核心，保证学校各文化子系统之间的内在统一。学校文化建设要重显性，更重隐性；重物质，更重精神；重口号，更重实质；重文本，更重实践。学校文化建设还要让文化“动”起来，“活”起来。

第二节　区域学校文化建设推进策略

金州新区在整体推进区域学校文化建设实践中，强调文化建设的主体性、整体性、过程性和科学性，通过行政积极倡导、政策大力促进、学校全面行动，辅以中国教科院驻区专家组在理念引领和技术路线指导等方面给予充分的智力支持，持续推动基层学校文化建设质量与水平不断提升。

一、行政全域推动

金州新区教育文化体育局以提升教育内涵为中心，将推进学校文化建设作为区域教育发展的基本思路之一，采取有力措施，政策上积极进行引导，工作中持续予以督促，有力地推动了全域学校文化建设不断向前发展。

在《金州新区教育事业“十二五”发展规划》中，“教育文化建设工程”被列为六大工程之一，并成为金州新区教育文化体育局年度工作计划中的一项重要内容。

2011 年，教育文化体育局出台《金州新区学校文化建设实施意见》，要求各校要整体规划学校发展，精心设计校园人文环境，将学校历史积淀、学校现实条件与学校发展构想统筹规划，有机整合，充分体现学校特点和办学理念，形成具有学校个性特色的显性校园文化和内在精神文化，进而出台《金州新区中小学开展特色学校创建工作意见》及《实施方案》，立足特色发展，进一步推进学校文化建设。

2012 年，新出台的《区域性校本课程开发与实施指南》将校本课程与特色建设紧密结合；《关于进一步加强中小学阅读教育的实施方案》则推动阅读教育成为新区大力实施素质教育的特色工程和文化品牌，进一步提升了金州新区教育的知名度和影响力。

在中国教科院驻区专家组的协助下，金州新区教育文化体育局还提出了完善学校办学理念的工作任务，要求将学校办学理念的研究、提炼和完善工作作为校长与教师提高专业素养的一次有效学习，作为全校师生进一步凝聚共识的一次良好机遇，为学校促进精神认同、实现自主发展、整体提升奠定坚实基础。通过扎实的工作，全区逐步实现了所有中小学校办学理念的完备化、规范化、系统化与特色化。

二、师生全员参与

金州新区在推进全域学校文化建设中，突出强调教师和学生的全员参与。提出着力强化校长和教师对学校文化的认识和系统思考，积极调动教师主动参与学校文化建设的意识和积极性。校长带领教师挖掘梳理学校文化，与专家共同商讨提炼，经全校研讨获得一致认同，通过这个过程让师生成为学校文化建设的设计者和实践者，以使师生更有动力共建和谐校园、成长乐园和精神家园。

如开发区第九中学，领导班子首先组织教师学习新时期教育理论，邀请专家进行辅导，更新思想和观念。同时，学校在全校广大师生员工中广泛征求意见，三上三下，对学校办学理念、目标、特色、校训、校风、教风、学风等自下而上展开问卷调查、座谈会、讨论会等，人人发表意见和看法。学校领导班子深入到各教研组，听取老师们的意见和要求，还将已退休的老领导、老教师分批请回学校，召开恳谈会，深入发掘学校的办学历史、传统和精神，经过反复研讨，最终确立了“超越教育”这一办学理念。这一过程，凝聚了大家的智慧，获得了大家的认同，成为学校文化积淀的重要过程。

金州区第一幼儿园园徽设计征集活动，还让家长参与到园所文化建设中来。幼儿园首先向全园家长发出海报，提出园徽征集的相关要求、评选规则及奖励办法、征集时间等。活动历时一个多月，得到了全园家长、孩子的积极响应，有不少家长甚至一人提交多幅作品。经过班级、评审小组层层筛选，最终确定一幅园中小朋友的作品作为园徽，并从其他的作品中选出若干作为各个班级的班徽。这些作品图案简洁、色彩明快、富有童趣，更难得的是体现了该园游戏化教学的办园特色，体现了对孩子自由发展、快乐发展、创造性发展的期待。

红星海学校作为一所新建学校，在学校文化建设过程中除师生积极参与外，特别注意挖掘家长和社会资源。学校的发展哲学“上善若水，融荣而生”正是吸收了家长的意见才最终确立的。同时，经过与中国教科院专家组的反复研讨，该校明确了“为成就卓越公民而奠基”的办学追求。2012 年 6 月 1 日，学校与家长们共同策划举行了以“世界一家”为主题的庆“六一”国际儿童节游园活动，场面极为震撼。家长和社会的参与，既增加了学校文化建设的广度、厚度和高度，同时也极大地增强了学校文化的向心力和影响力。金州新区正逐步形成学校文化共识、共建、共生的大格局。

三、专家全程指导

引领和助推金州新区学校文化建设，是中国教科院驻区专家组的重要工作内容。专家组积极发挥自身优势，通过专题报告与辅导的形式，就学校文化建设的理论与实践进行系统传播，对全区教育系统干部教师进行理念引领和观念更新；深入中小学、幼儿园与校长、教师共同研讨交流，对学校（园所）文化建设进行全程指导服务，有力地推动了金州新区学校文化建设内涵的提升。

2011 年 1 月，在金州新区教育系统干部培训会上，专家组组长陈如平研究员作了题为“学校发展方式转型”的报告，提出从梳理和提炼办学理念着手，挖掘和解释教育内涵，运用“整体建构”的模式，推动学校自主创新发展，促进学校组织迈向新的成长周期，实现高位发展。专家组成员李继星副研究员在关于“学校文化建设”的专题报告中，建设性地提出各学校要制定本校的《文化战略纲要》，以办学理念的提炼为核心，把学校各文化要素有机整合起来，为学校文化特色发展奠定基础。

2011 年 6 月，陈如平研究员与金州新区部分校长举行了为期两天半的“学校发展创新”专题工作坊。同年 7 月，在大连市教育局举办的特色高中建设专题培训会上，陈如平研究员又为全市各区市县教育局、先导区教育行政部门分管领导以及近 80 所普通高中的校长、副校长作了题为“普通高中学校特色发展的研究和探索”的报告。

2012 年 5 月，在金州新区创建辽宁省基础教育强区工作的关键时期，鉴于学校文化建设作为强区检查的一项重要指标，金州新区教育文化体育局专门组织召开“创辽宁省基础教育强区”校长拉练会。专家组组长李铁安博士为全区校长作了题为“学校文化建设的几点思考”的专题报告，就学校文化的内涵与意义、学校文化建设的相关问题、学校文化建设的实践路径、金州新区学校文化特色建设的初步构想四个主题与校长们进行了深入交流。

▲ 专家组深入学校指导学校文化建设

专家组在对全区中小学展开全面调研与跟进指导的基础上，逐步形成了“理念创新、整体建构、品牌提升”的工作方针。专家组强调，学校要从内涵发展的角度，紧紧围绕“育人”这一核心目标来梳理、提炼、制定本校的办学理念，并形成自己的文化体系。学校特色发展过程中，要将学校办学理念贯穿于德育、教学、管理、教师队伍建设、国际化教育等诸多方面，形成有灵魂的特色，以课程为支撑，向高层次迈进。学校文化与特色建设应系统设计、整体建构，以平台、载体、策略等为抓手，鼓励学校走自己的道路，形成各自独有的发展模式，并积极推进多元化课堂教学模式探索。各学校应在专家组的指导下，对已有的思路、做法等进行总结梳理、提升认识，进一步提炼、拓展，形成经验。由此，全区将形成“一校一文化”、“一校一特色”、“一校一模式”、“一校一经验”的良好发展态势。

在专家组的全程参与和学校自身的共同努力下，金州新区中小学学校文化建设成绩斐然，出现了一批理念鲜明、体系完整、特色突出的学校。如开发区第一高级中学在“教育至上，多元发展”理念下构建了八大类校本课程体系，开发区第七中学形成了“卓越教育”体系，实验小学致力于“彰显师生生命活力的自主教育”，格林小学以格林童话为切入点打造出格林“阳光”文化，北京小学华润·海中国分校以“润”为核心着力创造学校的“润”文化。此外，东山小学的“品质东山工程”，港西小学的“艺·术港西”建设，金源小学的生命成长“七色阳光”工程，童牛岭小学的“和美”文化，开发区第五中学的“幸福教育”体系，121 中学的“一二一文化”，103 中学的“五大课程体系”建设，正逐步形成金州新区学校的内生发展模式。

专家组就引领与助推金州新区学校文化建设的思路、经验，曾向辽宁省人民政府副主任督学刘玉华及大连市教育局领导做了专门汇报。他们对专家组的工作思路、做法和成绩予以高度称赞，认为专家深入学校进行指导，既有高端理论，又能与实际相结合，同时对基层校长和教师来说也是最实在、效果最佳的培训，实验取得了非凡成绩。他们希望专家组在金州新区的工作能进一步辐射到大连，并给辽宁省带来更多、更好的影响。

第三节　区域学校文化建设典型案例

一、红星海学校：素质教育实践的创新探索

大连经济技术开发区红星海学校（北京十一学校大连实验学校）基于十二年一贯制的办学模式特点，以“为成就卓越公民而奠基”为核心价值追求，以多维整合的课程体系为实践载体，以三位一体的践行哲学为观念指导，以三位一体的践行策略为具体路径，积极构建三位一体的素质教育体系，旨在培养健康的、有趣味的、有根的、多元的、卓越的学生。三位一体的素质教育体系的构建与实施，是新时期学校素质教育实践的一个创新探索。

（一）三位一体的素质教育体系

本根教育、和谐教育、时空生命教育的交互渗透、和谐共生构成了三位一体的素质教育体系。“本根教育”通过汲取、传承民族文化精粹，用中华民族优秀文化浸润青少年的心灵，帮助学生树立正确的人生观，为学生终身发展奠基。“和谐教育”即德智体美的和谐发展、中西文化的和谐发展及多元文化的和谐发展，培育学生

具有中国灵魂、世界眼光和多元文化理解力。“时空生命教育”是指对生命过去、现在、未来互为、互育的理解和传承，让生命穿越时空的隧道，科学地规划生命成长的轨迹。

（二）多维整合的课程体系

学校对国家课程进行跨学科整合，对不同学科间的资源进行融合、整理，统筹安排，以实现课程教育功能的最大化；对学科课程内部进行整合，九年义务教育统筹规划、中小衔接，对相关的教学内容下移、上升、增减、融合，在此基础上充分的拓展、延伸并引入新的教学内容，从而实现学科教育功能的最优化；国家课程、地方课程、校本课程与国际课程有机整合，充分发掘和拓展课程资源，凸显课程的整体化与系列化，为实现三位一体素质教育提供了坚实的物质载体。

（三）践行哲学与践行策略

学校以“上善若水，融荣而生”为发展哲学，以“中国情，民族魂，世界观”为做人哲学，以“倡百家，融一家，成自家”为做事哲学。以“植根、育和、融时空”为德育发展策略，积极倡导“科研引领、团队合作、创新发展”的教师发展策略以及在多维视野下不断提升学生“思、疑、释、拓、创”等思维品质的教学发展策略。

学校将“责任、国家、世界”的校训，“孝、诚、智、雅”的校风等与学校的核心价值观和课程资源的开发相融通，与校园文化环境建设有机结合，架构起具有丰厚内涵并充满创新精神的特色办学体系。

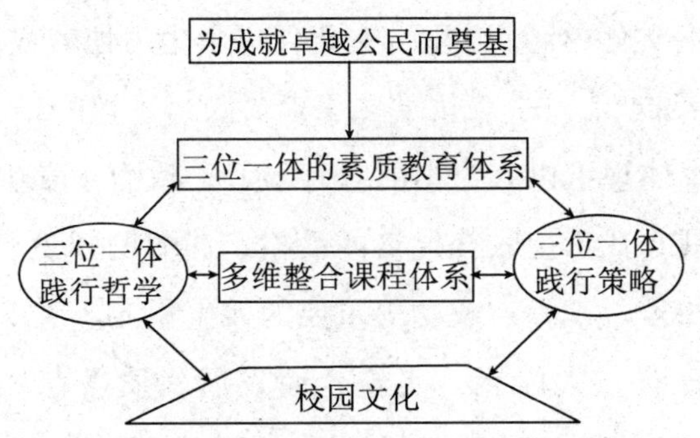

图3-1　红星海学校素质教育实践体系架构

二、开发区第七中学：卓越教育，幸福人生

开发区第七中学坚持“追求卓越教育，成就幸福人生”的办学宗旨，依照“文化立校，科研兴校，质量强校，特色扬校”的办学思路，全方位构建卓越文化、全员培养卓越教师、全面开发卓越课程、全力打造卓越课堂、全程培育卓越学生，创办国内一流、国际知名的现代化、国际化、品牌化特色学校。

在卓越教育观的指导下，学校提出“立足本根，追求卓越”、“多维和谐，追求卓越”、“多元开放，追求卓越”的卓越教育发展理念，确立了“本根教育、和谐教育、时空生命教育”三大卓越教育发展支柱。

（一）本根教育——夯实学生立人之基，立足本根，追求卓越

本根教育即情感、态度、价值观的教育。它汲取、传承民族文化精粹浸润学生心灵；借助特色校园文化和个人良好习惯铸就优秀品格，为学生终身发展奠基。

本根教育的三大体系：“孝”文化奠定学生品德基础；“和”

文化积淀学生文化内涵；“礼”文化促进学生习惯养成。

（二）和谐教育——促进学生全面发展，多维和谐，追求卓越

和谐教育体现了以人为本的教育核心，致力于学生的全方面发展和终身发展，让学生收获优良的品格、渊博的知识、实用的技能以及自信、快乐、幸福、成功等重要的人生积淀。

和谐教育有三大内涵：实施全面发展素质教育、交流中西文化；实施开放教育、学习多元文化；国际理解教育，拓宽教育视野。

（三）时空生命教育——引导学生放眼未来，多元开放，追求卓越

时空生命教育带领学生穿越时空隧道，在古人与今人之间（人与人之间），在地球（人与地球）与宇宙（人与宇宙）之间，深化人生感悟，开发生命潜能，规划成长轨迹。

时空生命教育有三层含义：关注“身”与“心”的健康成长；关爱人类的家园地球；关爱地球的家园宇宙。

学校依托本根教育、和谐教育、时空生命教育三大教育支柱，抓住卓越的教师团队建设、卓越的课程建设、卓越的课堂模式建设三个核心要素，构建德育、教育科研、教师队伍、校本课程、卓越课堂、书香校园、国际化教育七大工程，逐步丰富卓越的精神文化、领导文化、教师文化、学生文化、典章文化、课堂文化、环境文化七位一体的文化内涵。

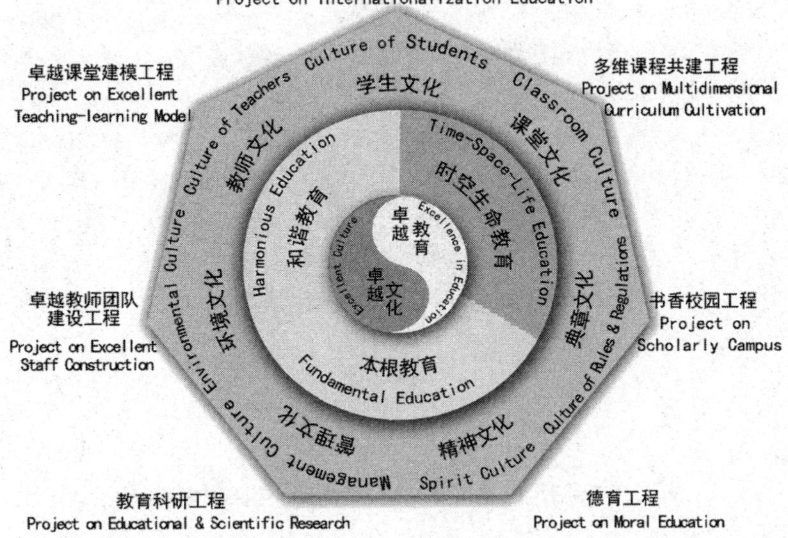

图 3-2　开发区第七中学学校文化系统

三、开发区第一中学：教育至上，多元发展

开发区第一高级中学结合学校生源实际，以学生多元需求为基础，以学生个性发展为课程构建目标，坚持“教育至上，多元发展”的办学理念，提出了“用课题引领，构建学校特色课程体系”的课程建设指导思想，依据多元智能理论，构建了以“国家课程为红花，校本课程为绿叶，隐性课程为环境”的多元课程平台，开发了与国家课程相匹配的八大类校本选修课程群。

图3-3　开发区第一中学多元特色课程体系

（一）学科竞赛类课程

学科竞赛类课程是以学科基础知识与技能为基础，以强化基础教育与高等教育知识的关联与拓展为手段，以促进学生数理智能的发展、培养专业型创新人才为目的的实践性课程。由数学奥赛、化学奥赛、物理奥赛、计算机奥赛、生物奥赛、英语比赛、作文比赛等课程模块组成。

（二）音乐舞蹈类课程

音乐舞蹈类课程是以音乐舞蹈教育为基础，展现人类文化的积淀，表达真善美的思想情感与内容，以专业训练为手段，以净化心灵、陶冶情操、提高学生人文修养为目的的实践性课程。由民族舞、现代舞、器乐、声乐等模块组成。

（三）体育运动类课程

体育运动类课程是以体育运动项目为基础，以专业训练和俱乐部活动为手段，以促进学生体育特长发展、在运动环境中形成合作与竞争意识为目的的实践性课程。由田径、篮球、足球、乒乓球、网球、羽毛球、健美操、航模、跆拳道等课程模块组成。

（四）科技创新类课程

科技创新类课程是以STS教育理念为基础，以知识运用和实践探索为手段，突出自主、探究和合作的意识，以培养学生创新精神、提高思维能力、促进学生学习方式转变为目的的实践性课程。由开放实验室、科技创新竞赛、小发明、小制作、社会调查、科学史讲座等课程模块组成。

（五）美术书法类课程

美术书法类课程是以感受美、探求美、领悟美、创造美的实践过程为基础，以学生进行实际操作为手段，以培养学生审美情趣、塑造学生健全人格和人文修养为目的的实践性课程。由专题讲座、写生、版画、作品展览、精品欣赏、美术设计、古玩鉴赏等课程模块构成。

（六）戏曲影视类课程

戏曲影视类课程是以戏曲基本功和专项训练为手段，以陶冶学生艺术情操，提高他们对戏曲和影视的欣赏、感受和体验为目的的实践性课程。由京剧、话剧、课本剧、播音主持、影视编导等课程模块组成。

（七）社会文化类课程

社会文化类课程是以人文社会科学的相关知识为基础，以专题讲座与训练为手段，以提高学生人文修养、培养学生社会责任感为目的的理论性课程。由国学、名著鉴赏、社交礼仪、心理讲座、海洋与文化、旅游景观等课程模块组成。

（八）国际交流类课程

国际交流类课程是以语言为基础，以语言学习和实地体验为手段，以增强学生国际意识、拓展学生国际视野、提高学生国际交往能力为目的的实践性课程。由日语、韩语、友好交流、国外研修、夏令营、冬令营等课程模块组成。

八大类校本选修课程群作为学校主体课程的重要补充与拓展，与国家课程有机地形成教育合力，共同促进学生的多元发展。学校因其高质量的办学成就成为大连市两所辽宁省特色高中学校之一，成为全国教育科学规划办课题支持的全国百所特色高中之一。

四、开发区第十中学：厚德启智，以心育心

开发区第十中学以“厚德启智，以心育心”为教育哲学，以“面向全人的全育化教育，培养学生的健全人格，发展个性，提升终身发展能力”即“全人全育，人格个性”为教育理念，以“为学生终身发展奠定文化基础”为教学目标，以“师德高尚、业务精良、特点突出、善于创新”为教师发展目标，以“品行优良、情趣高雅、身心健康、特长突出”为学生发展目标，构建了“规范学校→特色学校→优质学校→卓越学校”的学校发展宏伟蓝图。

（一）教育教学：以心理学技术硬化德育、优化智育

学校在“以心育心”教育理念的指导下，构建了“心理学技术驱动课堂”教学模式，利用专注与倾听技术引发学生积极参与，利用重述与具体化技术不断完善学生知识结构，利用引导与面质技术强化学生认知过程，利用同感与支持技术鼓励学生积极探究，利用保护与自我开放技术调动学生情感体验，实现了心理教育的技术

化之路，实现了“引发学生积极参与、规范学生知识结构、强化学生认知过程、鼓励学生积极探究、调动学生情感体验”的目标，促进了学校教育教学质量提升，开创了以心理教育硬化德育、优化智育的学校特色发展之路。

（二）教师队伍：师德高尚、业务精良、特点突出、善于创新

学校加强教师队伍管理，健全规章制度，狠抓教师课堂教学，实行随机抽签听课制。学校注重师德建设，不断增强教师的职业追求和职业幸福感，有效提升了教师的职业自主发展内驱力，打造了一支领导班子“特别能吃苦、特别能忍耐、特别能战斗”，年轻同志能“树立远大志向，具有科学发展规划，不虚度时光”，骨干教师能“身先士卒，奉献自己的聪明才智”，老教师能“老当益壮，在学校树起自己业务精良和高风亮节的大旗”的高素质教师队伍。

（三）学生发展：品行优良、情趣高雅、身心健康、特长突出

学校实行“家校携手，共育良才”的家校合作机制，促进家校共育优秀人才；实施“文明工程、肃静工程、环境工程、信心工程”四大工程，全面推进学生的管理，达到学生行为管理自觉化、规范化；开展学生人生规划的设计、指导活动，推动学生有计划地成长；强化课程体系建设，构建学校教育教学工作的整体框架；实施“有效教学”的课题研究，提升课堂教育教学质量；确立“文化奠基，特长开路”的学生升学策略，为学生幸福人生奠基；开展学生社团活动，搭建学生个性发展的平台。

五、实验小学：彰显师生生命活力的自主教育

实验小学以“让每一个孩子健康成长”为办学宗旨，以“彰

显师生生命活力的自主教育”为办学特色，努力打造“健康活力、个性活泼、思维活跃、手脑灵活”的“四活”少年。充分挖掘德育、课程、管理和校园文化中的育人因素，努力让学校成为师生们自主成长的幸福乐园。

（一）快乐德育让学生踏实成长足迹

学校构建了以“弘扬个性、立足本根”为理念的“快乐德育”体系。通过“课程渗透线”、“校园活动线”、“社会实践线”的网络形式贯穿整个教育教学，让学生在自主体验中内化道德，逐渐提升道德修养。通过搭建展现个性才华的“校园吉尼斯·炫出我风采”、“学生个人作品展”、“瞳瞳智慧屋”、“图书跳蚤市场”等多个平台，让学生在生活化的体验中陶冶性情；结合重大纪念日、节日设计“春风在行动、夏雨在感恩、秋实在收获、冬雪在成长”四大季节主题活动，让学生在主题化的活动中培养习惯。

（二）“三课”研发让师生滋养灵动个性

学校构建了“我参与、我快乐”七彩校本课程、“自主高效”课堂教学和“全员自主参与”课题的“三课”研发体系，突出学生和教师主体，让师生滋养灵动的个性。

学校以“校本课程社团化、社团课程系列化、系列课程特色化、特色课程成果化”的思路，开放并实施“我参与，我快乐”的七彩校本课程；探索从“双循环递进”自主高效课堂教学改革到“活力课堂”的建构，强化“学有所思、疑有所释、做有所为、习有所得”，让学生充分地进行“自主探究、动手实践、合作交流”；发动全校教师全员开展省级立项课题“小学自主式教育模式”研究。

（三）管理创新让教师体验尊重与关爱

学校以“项目制”为核心推进学校管理创新，成立了教师发展部、课题研发部、课程开发部、快乐德育研发部、科普教育推广部、学生个性成长研发部、国际交流研发项目部、后勤安保服务部等8个项目部，每个项目都由项目团队共同实施。这就进一步增强了自主管理意识，充分发挥了干部和教师的主动性和创造性，能够让师生体验到尊重与关爱。

（四）校园文化让学生自主健康的成长

以“充满活力、彰显个性”为学校文化建设战略主题，让学生的个性才智在有效的多彩空间得到最充分的释放，让每一个孩子都能在校园中找到自己的成长痕迹，充分享受尊重与关爱，促动学生自主、健康、快乐成长。

六、格林小学：让学生在童话世界里阳光飞翔

格林小学以“彰显个性，追求创新，崇尚真善美”为核心价值追求，以“为学生的终生幸福奠基”为办学目标，以“我阳光，我飞翔”为校训，以“格林童话”为文化建设主题，构筑了独具特色的“童话”校园，让学校处处洋溢童话的气息，让学生时时感受童话的韵味，让学生在童话的阳光世界里飞翔。

（一）构建蕴含童话精髓的制度文化

学校建构了“我是金太阳，人人争做金太阳”的“绿太阳、红太阳、金太阳”三级评价体系，根据“格林童话”故事赋予教育主题，编成“养成教育七字歌”，从孩子们熟知的童话人物的视角提醒孩子们要培养习惯。这个七字歌孩子人人喜欢，个个会背，全部会用。学校的吉祥物“太阳花”源自《格林童话》，象征着格林小学的孩子们，犹如灿烂的太阳花一样阳光、活泼、积极，深受

孩子们青睐。

（二）营造彰显童话魅力的环境文化

学校以“四园、一市、四廊”为载体构筑环境文化，彰显学校内在品质和发展内涵。

“四园”即小红帽卵石创意园、水晶球科技创意园、心理健康糖果屋、小矮人爱心。

书屋；“四廊”包括阳光长廊、梦想长廊、飞翔长廊、科技长廊；“一市”指的是小矮人爱心超市。

“四园、一市、四廊”均用孩子们喜闻乐见的“格林童话”人物或故事来营造；同时，班级文化也使用“大拇指”、“灰姑娘”等童话因素来设计，让孩子天天感受真、体验善、懂得美，充分享受童话所带来的快乐与满足。

（三）开发尽显童话风韵的课程文化

学校挖掘“格林童话”内涵，开发了白雪公主剧团、小矮人乐队、金娃娃运动社、石竹花文学社等多元校本课程。学校以“太阳娃”为图腾，以“读童话、讲童话、演童话、画童话、唱童话、舞童话”为课程体系，在班级、校园、家庭中掀起了“格林童话”热；以“格林童话节”为平台培养学生的想象能力和创新精神，给孩子们一个诗意的世界，一个幸福的童年。

如今，童话已经融入到格林小学的每一寸草地、每一棵树、每一堵墙、每一间教室。学生每天走进学校，就像走进了童话王国，充满新奇，充满幻想，充满愉悦。

七、港西小学：“艺·术”港西

港西小学以“尚艺·格术”办学理念（尚艺：崇尚素质教育，

注重才艺培养；格术：推究方法）为引领，以“形象艺·术、管理艺·术、教学艺·术、课程艺·术、环境艺·术”五大板块为平台，追求让“艺·术”有机融合到学校的每一个角落，渗透到每一个师生心灵之中，构建了赏心悦目、精彩纷呈的“艺·术港西”。

（一）形象艺·术

学校校服、校牌、校徽的设计从细微处入手，别具一格，独显“艺·术”风韵。如学校校徽设计采取中国书法元素与办学理念的有机结合，无论从色彩、形式、寓意都能打动人、感染人，使观者为之一振。

（二）管理艺·术

以“行方智圆”为理念，追求“方中有圆，圆中有方，外圆而内方”的管理境界，依据师生的价值取向、文化修养、知识结构，倡导师生追求自律、自我管理，从而实现“艺·术”管理。

（三）教学艺·术

学校探索“悦目赏心·主体驱动”的教学模式，以主客体之间心情愉悦、意向统一、和谐融洽为出发点，以激发内驱力为前提，以有效小组合作为手段，以多元学习形式为支撑，以“驱动自学、合作研讨、交流展示、精彩点拨、梯度拓展”为媒介构成五大教学流程，最大限度地调动学生的积极性与主动性，促进学生优质发展。

（四）课程艺·术

学校以书法课程为龙头，构建了国际视野课程、校本社团课程、实践课程、德育课程四大活动课程体系，满足了学生的个性特点和发展需求，丰富了校园生活，提升了学生素养，深化了课程“艺·术”。

（五）环境艺·术

学校校园环境设计精心巧妙，既彰显主题，又凸现艺术魅力。如学校书法文化既有书法史的呈现，更有教师与学生每周的软笔、硬笔书法展示，主题突出，氛围浓郁，潜移默化地提升着师生的艺术审美品位，实现了情感的无声熏陶。

八、红梅小学：中国灵魂，世界公民

红梅小学秉持“以人为本、和谐发展、彰显个性，教育多元”的办学理念，彰显“中国灵魂，世界公民”的高品位育人目标，着力构建四位一体的课程体系、重点实施多元文化教育工程、积极探索“问题驱动”课堂教学，为学生健康成长营造了丰厚的文化资源与环境。

（一）构建四位一体课程体系

学校立足于课程建设，致力于内涵式发展，构建了多元文化课程、国际理解课程、领袖潜质课程和社会联动课程“四位一体”的校本课程架构。涵盖语言、人文、科学、艺术、体育、社会六大课程体系的拥有48门课程的“课程超市”，让学生有充分的课程选择权。古琴、围棋、轮滑等已成为有区域影响力的品牌课程。一年一度的“国际文化月”、“多元文化艺术节”成为学生了解世界、与世界沟通融合的舞台。学生讲坛不断推新、学生社团异彩纷呈、“班班有基地”德育体验课程拓展了20余个校外德育活动基地，家长志愿者已参与学校18门课程的建设。丰富的课程为学生的全面发展、主动发展提供了可能。四类课程互相支撑，相互融合，在兼容互动中达成“中国灵魂，世界公民”的课程育人目标。

（二）实施多元文化教育工程

学校坚持以“英语突出，双外语见长，彰显个性，教育多元”为教育国际化育人目标，强化外语教学优势，夯实学校教育国际化发展基础；立足课程建设，实现学校教育国际化内涵式发展；拓宽对外交流合作领域，提升学校教育国际化品质。在教育国际化的进程中，从英语单项突出到多门外语并行，从关注课堂到关注课程，从关注知识到关注文化，使学校教育国际化不断趋向于内涵式、高品质发展。

（三）探索问题驱动课堂教学

问题驱动课堂以“坚持教师主导性、突出学生主体性、尊重学生差异性、激发学生创造性”的文化课堂为价值追求，以“问题”为主题和主线，将让学生积极主动去发现问题、提出问题、分析问题、解决问题和应用问题贯穿课堂教学全过程，让学生思维和情感获得完满打开。

为有效落实问题驱动教学，学校重点强化教学活动的整个过程。让教师通过集体备课、观课、评课，深入挖掘课程教育内涵，系统提炼课程所蕴含的问题要素，认真分析学生特点，精心设计教学过程结构；让教师全员开展课例创新研究，精心打造每一节课。

问题驱动课堂真正提升了课程的教育内涵，更新了师生的思维方式，转变了教学的组织方式，拓展了课堂的教学时空，改写了课堂的教学文化。

九、东山小学：六年生活，一生品质

东山小学以“六年生活，一生品质”为理念，以“知爱、知责、知信、知礼、知孝、知韧、知俭”的道德品质、“善问、善思、善学”的学习品质为主线，以“偶像行、美德行、乐学行、研修行”的方式为渠道，培养品质学生，塑造品质教师，创建品质东山，成就品质人生。

（一）探索“品质课堂”，让师生灵动成长

学校以高效课堂为追求，以探索新的教学方式和策略为核心，以“简约而不简单、情境加体验、问题与方法、和谐与分享”为宗旨；以“春播（唤醒思维、激趣质疑）、夏长（绽放思维、自主探究）、秋收（合作交流、点拨思维）、冬藏（总结提炼、深化思维）”为模式，探索“品质东山课堂”，让课堂真正成为培养学生善问、善思、善学的课堂，成为师生生命灵动成长的课堂。

（二）创建“品质课程”，为学生未来奠基

学校以“品质教育”为方向，以“培养学生道德品质和提高学生人文素养”为目标，通过“宣、导、督、展、评”的课程五步管理模式，着力打造多元化特色校本课程：人文经典诵读课程；彰显学生“知爱、知责、知信、知礼、知孝、知韧、知俭”品质的社团活动课程；以“上善若水之东山水、百年树人之东山树、大爱无疆之东山石、寸阴是惜之惜时钟、厚德载物之美德柱、美梦成真之心语廊、桃李芬芳之东山花”等为主题的一景一品隐性课程……为学生一生品质的发展奠定了坚实的基础。

（三）打造“品质文化”，让学生一生精彩

在学校整体文化构建的基础上，以“偶像班级文化建设”为方向，以“一班一品质，一班一偶像，一班一特色”为目标，以“发扬一种品质、寻找一个偶像、形成一种动力、达到一种境界”为内涵，围绕偶像建设班级的环境文化、制度文化和精神文化，让学生学习有目标、为人有理想、生活有品质，一生都精彩。

十、金源小学：七色阳光，七彩人生

金源小学坚持“为学生的生命发展奠定基础”的办学理念，秉承“一切为了培养适应未来的社会新人”的办学宗旨，打造“赤、橙、黄、绿、青、蓝、紫”七色阳光工程，用七色之光编织学生的七彩人生。

（一）赤色之光，让生命耀眼起航

彰显“传承民魂、播撒仁爱、内化品质”的赤色之光，代表学校的德育工作。它以习惯培养为主线，以体验活动为载体，以社团活动为平台，以多元评价为激励，滋润儿童的心灵，奠基儿童的未来。

（二）橙色之光，让课堂孕育收获

代表着“愉悦、热烈、丰硕”的橙色之光，象征着课堂教学犹如充满智慧和喜悦的橙色之光，张扬着师生生命新的高度，它以“书香课堂、高效课堂、立体课堂”为音符，弹奏师生成长中最富动感的旋律。

（三）黄色之光，让国际教育成熟

诠释着“热情如火、包容开放、海纳百川”的黄色之光，呈现的是学校国际化教育的日益成熟。学校以建立国际友好校为桥梁，以共同研发课题为媒介，以互访交流为契机，提升师生对多元文化的理解和沟通能力，传承民族文化，体验世界文明。

（四）绿色之光，让运动魅力尽现

意味着“青春、积极、活泼”的绿色之光，是学校体育工作耀眼的色彩。谢菲联足球基地的建立、千人足球操的精湛、丰富的体育社团……绿色的赛场，随处可见学生灵动的身影！

（五）青色之光，让教师成长飞扬

孕育着“坚强、庄重、希望”的青色之光，是教师专业成长的见证。组际会课、团队学习、主题反思、有效培训、积极写作，多渠道促进了教师的专业成长。青色之光，教师的理想之光！

（六）蓝色之光，让科技彰显神奇

呈现着“浩瀚、深邃”的蓝色之光象征着科技的发展。学生的小设计多次亮相“中国海外学子创业周”大舞台，机器人比赛屡次获国际冠军，水火箭更是名震全省……科技，这蓝色之光，犹如激光，穿越宇宙，带领学生探索科学的神奇。

（七）紫色之光，让艺术优雅绽放

意味着“浪漫、典雅、高贵”的紫色之光，是学校艺术工作的写照。“放飞明天希望”的艺术节、获国际大奖的大自然操、每天坚持的形体练习、每周一次的合唱训练……激发了学生的创造激情，激活了学生的表现欲望，给人启迪，使人优雅。

十一、春华小学：大爱如春，文博气华

春华小学以“自主教育”为主线，通过“品自雅”学生、“气自华”教师、“人文化”管理、“好伙伴”家长等四大平台建设，塑造并彰显“大爱如春，文博气华”的特色春华文化。

（一）“品自雅”学生

用优秀文化引领学生的发展，让“雅言”、“雅行”、“雅韵”充盈学生心灵，以文养人，以文造人，以文育人。经典诵读、古诗

吟唱、传统故事、美德践行让莘莘学子以书修身、以笔抒志；琴棋书画、民间技艺、古典舞蹈，让稚气孩童兴之所至、趣以导学。朗朗书声，大雅之风悄然兴起；寓教于乐，国学之美蕴含其中，逐渐形成了学校的特色品牌。

（二）“气自华”老师

引领教师把自己的工作价值与生命价值结合起来，在工作中实现生命的增值，让教师体会“享受工作，品味生活”的乐趣。倡导教师不仅要有精湛的专业技能，还要有独特的人格魅力和优秀的人文素养。把专业阅读、专业写作和专业发展共同体作为春华教师成长的吉祥三宝，用智慧引领教师，不断丰厚春华小学的教师文化。

（三）“人文化”管理

“只要有舞台，每个人都会很精彩”——这是春华小学的管理信条。学校倡导“三自管理”：自主——学校制度大家定；自觉——制度大家去遵守；自在——从心所欲不逾矩。在自主管理文化引领下，教师的发展和交往更多地走向开放与合作。学校鼓励教师发展个性，发展专长，做“万紫千红”的合格教师、骨干教师。每学年评比中，设立敬业奖、效益奖、科研奖、协作奖、爱心奖等10个单项奖，力求让每位教师都能看到自己的价值所在，真正各得其所，各有所乐。

（四）“伙伴式”家长

学校改变传统家长学校的模式，让家长委员会管理学校，鼓励家长向学校献计献策；变家长为教育伙伴和教育资源，共同参与学生教育和学校发展，共建家校共同体。课堂开放、活动开放，组织家长评点教师活动；尝试开展“家长义工”活动，让家长为孩子上各种校本课，搞讲座，组织实践活动。让家长在学习、参与、付出的过程中成为学校忠实的“客户”。

十二、北京小学华润·海中国分校：润泽生命，启迪智慧

北京小学华润·海中国分校矗立在美丽的渤海之滨，它与名校合作，却不简单复制克隆；它吸纳名校精髓，但却执著寻求办学的和而不同。

（一）润物细无声——浓缩智慧思想

学校以“润”字为核心，以“生命与智慧”教育为主题，以“双语教育”、“小班化教学”为特色，构建“中西合璧，融会贯通；润泽生命，启迪智慧”的办学思想体系，追求返璞归真、灵动无限和给予师生生命润泽的智慧教育。

（二）千柯习习润——创建智慧课程

学校以“规范国家课程、挖掘地方课程、开发校本课程、打造微型课程、探索家本课程”为主题，开发以“国学育人，树魂立根”国学文化为底蕴的“国学”校本课程，以“上善若水，海纳百川”、“探究实践，智慧创新”海洋科技文化为支撑的“探究型”校本课程，以“诗棋妙韵，步步为赢”棋艺文化为载体的“智力型”校本课程，以“放眼世界，高瞻远瞩”的国际文化、双语文化为切入点的“博览型”探究阅读校本课程，以“崇文尚武，厚德载物”、“国球精神育人，特色品牌兴校”、“平民本色，精英气质”、“立字立德，立字立人”、“童心同画，翰墨飘香”为主旋律的“国粹品艺”校本课程，通过这些高品质的课程滋润学生的品格，浸润学生的心灵，丰润学生的生命，为学生全面和谐的成长奠基。

（三）百嘉潜润滋——探索智慧课堂

学校以“小班化研究”为依托，以“每课五问”为准则，以“智慧教育七个给予”为引领，以“关怀成长每一人”为策略，以提高课堂质量为追求，以“激发兴趣，教会方法，培养习惯，涵养品格，探究实践，启智体悟，关注个性，开发潜能，启迪智慧，发展能力”为方针，以“探究准备，探究实践，探究体验，探究发展”为环节，探索小班化高效优质课堂教学模式，努力构建“积识转智、化智成德、转德成行”的课堂文化，让小班化课堂奏响生命与智慧的和谐交响，让课堂成为师生学识、智慧、能力和人格连续不断的积淀过程。

（四）玉润窗前竹——打造智慧团队

学校以培养“卓越的领导团队”、“优秀的教师团队”、“出色的家长团队”为目标，以“激发内动力、给予表现力、优化培训力”为宗旨，以“涵养教师文化，提升教育智慧”为主题，以培养学习型、研究型、智慧型、专家型教师为目标，以发展性教师评价、权威专家团队为引领，以同伴互助、自主发展为载体，以“静下心来育人，潜下心来研究”为策略，以“人人有课题，个个能研究，科科出特色，个个有成果”为准则，以“教学研究常态化、常态教学研究化”为纲领，塑造团队的“一种风范、两种理念、三种境界、四种品质、五项技能、六种气质”，让每位教师都能享受到职业的尊严和创造的幸福，让每位教师都能站在学术前沿和道德的高地上去“润泽生命，启迪智慧”，让团队从优秀走向卓越，不断实现学校的跨越发展。

（五）圃畦新雨润——培育智慧学生

学校依托“1346”为主线培养智慧华润学子。

“1”即培养终生受用的好习惯。

“3”即塑造“三品”——精神品质、道德品质、意志品质；铸造“三雅”——举止文雅，气质优雅，品味高雅；打造“三力”——实践能力，创新能力，发展能力。

“4”即拥有“四会”：会认知，会做事，会合作，会生存。

“6”即获得“六能”：能练一笔好字，能演一件乐器，能写一手好文章，能说一口流利英语，能懂一种绘画技巧，能会一项体育技能。

围绕“1346”，学校开展了丰富多彩、温润而泽的德育活动：“我相信，我能行”大队委竞选、“红领巾我为你自豪”大队会、“探究生命、海洋奥秘”、“生活自理自立”、“保护环境”等综合实践活动；“放飞梦想，收获希望”亲子风筝节、“趣味亲子运动会”、“感恩父母”、“我爱学校爱祖国”、“华润杯英语演讲比赛”、“辞旧迎新联欢会”、“金话筒”小主持人大赛、“幸福成长”开学一周年庆典等活动，极大开发了学生的潜能，张扬了学生的个性，促进了学生的幸福体验和和谐发展。

十三、开发区第九中学：超越教育，生命超越

开发区第九中学的“超越教育”，是学校在对教育重新认识的基础上，根据教育的发展需求和学校发展实际提出的教育理念。“超越教育”是学生在教师的教育引导下，在不断地树立超越目标和实现超越目标的过程中，唤醒学生的超越意识，培养学生的超越精神和超越能力等超越品质的教育活动。在超越教育理念下，学校在德育、教学、课程等方面进行了整体构建。

（一）超越的行动德育

围绕“超越教育”理念，学校进行了“行动德育”工程建设和模式探索。根据中学德育的特点和进行社会主义核心价值观教育的要求，学校构建了德育工作的十二大系列工程，即理想信念工程、责任信心工程、传统美德工程、奉献爱心工程、社会公益工程、安全法制工程、心理健康工程、品德行为工程、特色升旗工程、文明育人工程、育人环境工程、家校共建工程。同时，学校探索和实践学校行动德育工作的模式，即“规范、引导、醒悟——教化、评价、感悟——行动、体现、升华”。通过模式的构建，探索培养学生超越品质的有效途径。

（二）超越的课堂教学

学校开展超越教育理念下“六六课堂”的探索与实践，通过建构课堂教学体系，实行课堂教学改革。“六六课堂”即把“层次化、信息化、立体化、主体化、合作化和多元化”（简称“六化”）作为课堂教学的六个特点，把“创设超越情境、诱导学生超越、学生尝试超越、搭建超越平台、展示超越成果、多元评价超越”作为课堂教学的基本环节（简称“六环节”），从而探索课堂教学的特点和模式的课堂教学活动。同时，学校改革课堂教学和教学质量的评价方法，建立了有利于“六六超越课堂”实施和学生发展的评价机制。

（三）超越的课程建设

学校开设各类校本课程三十几门，尤其是在部分学科进行了较大的改革。如学校在贯彻教育部“2＋1”体育、艺术的改革要求时，进行了“2＋2”的体育、艺术工作改革尝试。全校初一至初三的全体同学，按照学校“2＋2”方案的要求，每人必须选择两项体育项目和两项艺术项目（一项音乐、一项美术）。同时，通过改革体育、音美的课堂教学组织形式予以贯彻落实。结合学生选修的项目，进行分类上课，在完成规定的课程内容的前提下，加大学生体育、艺术特长的培养。

十四、新桥艺术幼儿园：艺术涵育，快乐成长

新桥艺术幼儿园创建于1998年，是大连开发区第一所艺术特色幼儿园，被评为辽宁省示范幼儿园。幼儿园坚持“办园有艺术特色、教学有艺术特点、幼儿有艺术特质”的办园追求，在实践中逐步形成了鲜明的办学风格与特色，已成为金州新区教育的一道亮丽风景。原教育部副部长陈小娅到园调研时曾评价：“新桥艺术幼儿园是一所精美的幼儿园，每一个生活在这里的孩子都是幸福的。”

（一）走艺术教育融合育人内涵之路

新桥艺术幼儿园把审美艺术教育同健康教育、语言教育、社会教育、科学教育有机结合在一起，为幼儿素质的全面提高打下长远、扎实的基础。幼儿园根据幼儿身心发展规律，注重开发幼儿的艺术潜能，以游戏为主导活动，运用有趣的材料、有趣的活动形式，选择有趣的题材，开展主题背景下的趣味美术教育活动，激发幼儿参与艺术活动的兴趣。各个年龄段的班级都确立了相应的特色课程：小班主要开展了玩色活动；中班分别以“串、编”，“涂、画”，“捏、塑”为特色；大班以“扎染”、“刺绣”、“线描画”为特色。有近千幅幼儿美术作品在国家、省、市、区组织的各级各类比赛中获奖。此外，幼儿园的音乐、舞蹈教学、双语教学也都形成了园本特色。幼儿在审美艺术教育课程的交互影响下，在充满美的

刺激的艺术氛围中，主动、积极地投入各项活动，提高了自身的审美、感知、理解、创造和表现能力。

（二）走科研兴师、科研强园之路

该园以国家级课题“幼儿创造能力与创造人格培养的行动研究”、“幼儿情绪稳定性的发展特点及其实验研究”为龙头，形成了国家级、省级、市级、区级、园级课题立体网络，积极引导教师全员参与课题研究；组织教师编写了艺术教育系列读本《幼儿园环境创设篇》和《幼儿园美术教育篇》，做到了课题研究和课堂教学的有机整合，实现了教学和科研的良性循环。

（三）走加强国际化教育之路

该园实施双语教学及多元文化教育，满足境内外人士子女接受高质量教育的需求，先后有近20个国家的幼儿在园学习生活。与英国北林肯郡莱丁幼儿园签订了《友好合作协议》，进行了卓有成效的交流合作。先后成功承办“全国幼儿音乐教育南北对话会”、“全国学前教育家庭指导与社区教育模式研讨会”、“辽宁省园长大会”、“英国北林肯郡友好教育交流会”等会议活动，获得广泛的社会影响力。

十五、素质教育活动中心：玩做悟创，实践成长

金州新区素质教育活动中心创造性地提出以“引导家庭教育、拓展学校教育、整合社会教育、实践素质教育”为办学思想，以“玩中做，做中学，学中悟，悟中创”为育人理念，以“学会做人、学会做事、学会生活、学会与他人、自然和社会和谐相处”为培养目标，以“牵手、放手、动手”为教育风范，通过开设多功能

特色课程体系，鼓励学生“异想天开”，大胆实践，让学生在实践中幸福成长。

（一）立体式教育网络为学生健康成长奠基

中心构建了旨在“引导家庭教育、拓展学校教育、整合社会教育”的三维一体的教育网络：通过引导家长树立正确的教育观，激活家庭教育资源；通过拓宽学校教育内容，强化素质教育内涵；通过整合社会办学资源，盘活教育力量协同促进，全方位培养学生的综合素养。三维一体的教育网络为学生健康成长奠定了坚实基础。

（二）过程性学习机制促进教师专业化发展

创新教师专业化成长路径，通过“自学、讲座、交流”等形式，让教师充分理解活动课的理念与核心价值；以“细心准备、精心备课、用心反思、专心总结”为渠道，关注活动过程，让每一门课程都成为精品；以“练就绝活、奉献金点子、集中评课、满意率调查、有效培训、参观考察”为途径，开阔教师视野，提升教师素养。

（三）多功能特色课程让学生在实践中成长

集综合实践活动课程教学、实践活动体验、生活与生存训练等多种实践教学功能为一体，开发并完善了学工、学农、学军、德育课程、科普教育、法制教育、环保教育、安全教育、健康教育、劳动技能培训、身心拓展训练等多元特色课程。彰显教育性、知识性、趣味性、实践性、创造性，切实将学生置于主体地位，引导学生以一种玩的心态参与实践活动，真正实现“玩中做、做中学、学中悟、悟中创”的办学理念，让学生在活动中感悟，在情景中感动。充分发挥他们的能动性和想象力、创造力，培养学生实践能力、创新精神和良好的个性品质。

十六、特殊教育学校：以爱育爱，奠基幸福

肩负为社会分忧、为家长解难、为残疾儿童幸福奠基社会责任的特殊教育学校，在《教育规划纲要》精神感召下，鲜明地提出了“以爱育爱”的办学理念，立足培养学生“自信、自理、自立、自尊”精神，强化学生良好习惯的培养、课程的开发与实施以及高素质教师队伍建设，志在打造“高品质的爱心学校、高质量的特色学校”，“让每个学生都有进步、让每个教师都有发展、让每个家长都看到希望”。

（一）“四自”精神为指引的习惯培养体系

以“生活化”理念为导向，以养成教育为突破口，以“培养生活自理、行为规范、自立自信自强的劳动者”为目标，以“班主任、课任教师、生活教师具体实施、学校领导督导”为行动体系，全面培养全体学生良好的生活习惯、劳动习惯、文明习惯和安全习惯。

（二）关照学生成长需求的发展力课程体系

建立旨在适合学生现实需求和未来发展的基础性课程、康复性课程以及适应性课程体系等，充分开发学生潜能，尽力满足听障、智障儿童及孤独症儿童的生活和发展需求。

高质量实施国家主体课程。对听障学生，主要强调基础知识的掌握、学习能力的提升以及积极生活态度的养成；对智障学生，侧重培养与训练学生生活自理能力和社会适应能力，关注学生缺陷补偿和潜能开发。

立体化实施特色校本课程。开发了实用技术类、兴趣特长类、

康复训练类等校本课程，涵盖摄影、微机、串珠等十余个项目。编写了语言康复、生活适应、安全自护、艺术修养、劳动技能、信息技术等方面的校本教材，为学生提供“我能行”的锻炼机会，提高残疾儿童的动手能力、手眼协调能力、审美能力以及自立能力，增强其自信心，为学生健康成长和适应未来生活奠基。

（三）以奉献精神为师魂的专业化教师团队

构建“骨干教师示范课、青年教师研讨课、新任教师汇报课”的“三课”展示与评比，两字一话、中国手语、课件制作等多项技能比赛与考核，师爱宣言、捕捉爱心瞬间、课题汇报、读书沙龙系列活动等机制，为教师专业成长搭建平台，有效提升教师自主发展的内驱力，塑造以奉献精神为师魂的专业化教师团队。

第四章

教师队伍专业化培育

《教育规划纲要》中提出，要加强教师队伍建设，建设高素质教师队伍。加强师德建设，提高教师业务水平。通过研修培训、学术交流、项目资助等方式，培养教育教学骨干、“双师型”教师、学术带头人和校长，造就一批教学名师和学科领军人才。并提出要创造有利条件，鼓励教师和校长在实践中大胆探索，创新教育思想、教育模式和教育方法，形成教学特色和办学风格，造就一批教育家，倡导教育家办学。

近年来，金州新区正是秉承这一理念，借助中国教科院全国教育综合改革实验区这一优势平台，大力提高教师队伍素质。在教师队伍的智慧耕犁中，金州新区逐步探索出具有时代特色和自身特点的教师队伍培养模式，着力培养专家型校长、智慧型教师与复合型研训员。校长队伍的培养模式是：高端对话、高效培训；专家引领、专项研修；名校熏陶、名家导航。教师队伍的培养模式为：以个人反思为核心的自主发展，以同伴互助为核心的合作研修，以专业引领为核心的高端探究。研训员队伍的培养模式则可概括为：瞻前顾后——在课题研究中明确研训意识；思前想后——在理论探究中明晓研训思想；承前启后——在教育实践中明晰研训行为。

第一节　专家型校长的培育

2003 年教师节，温家宝总理在人民大会堂会见教师代表时提出要“教育家办学”，并在此后的《政府工作报告》中连续谈到这个问题。2010 年颁布的《教育规划纲要》也明确指出要培养一批教育家，倡导教育家办学。中国教科院袁振国院长对“教育家”赋予了十个方面的外在特征，设定了十个方面的内在条件，这个“双十”界定为有志于成为教育家的仁人志士提供了很好的行动指南，也为我们在教育实践中培养教育家提供了指导。大量事实和研究表明，基础教育一线校长最具潜力成为教育家。“专家型校长”建设是校长成长为教育家的一个重要途径。“专家型校长”不一定能够成为教育家，但是要成长为教育家，首先必须是“专家型校长”。

一、培养目标

校长的教育思想是对教育工作本质内涵的认识和对教育功能及社会价值的判断，即对教育工作的理性看法。教育思想决定着校长的办学方向。“专家型校长”首要的是警醒自己坚定正确的教育思想，并通过外力加以培植和强化，确保始终坚持正确的办学方向。

“专家型校长”要有先进科学的教育理念。校长的教育理念是校长追求的教育理想以及为实现这一理想而执守的坚定信念，也可以称之为“办学理念”，它决定着校长办学的行为方式。通过对教育理念的设定，校长明确了要把学校办成什么样子，并为实现这个目标确定实施的途径和策略。

“专家型校长”要有扎实有效的教育实践。校长的教育实践是在正确的教育思想的指导下，为实现既定的教育理想，按照一定的途径和策略而实施的一系列教育行动，它体现着校长的工作方法。扎实有效的教育实践必须是循序渐进、坚定执著的持续实践，必须是能带领全体教师共同努力的群体实践，必须是能够实现校长办学理想的特色实践，必须是质量最好、效益最高的科学实践。

金州新区多元开放视域下的校长群体培养，是在做好省市统一安排的干训工作和搞好常规干训活动的基础上，重点做好主题性的工作。其核心内容是：高端对话、高效培训；名校熏陶、名家导航；专家引领、专项研修。

二、培养模式

（一）高端对话、高效培训

高度决定视野。为提高校长培训的实效性，我们坚持高位发展的理念，为校长创造高端对话的机会。金州新区的校长与中国教科院院长袁振国、教育部基础教育课程教材发展中心主任田慧生、中国教育报副总编辑翟博、人民教育杂志总编傅国亮等进行了若干次主题性高端对话，就“时代呼唤教育智慧及智慧型教师”、“区域教育发展战略”等问题进行了交流。这种高端对话大大提高了校长们的理论素养和办学理念。高端对话、高效培训决定了校长的高品位。

▲ 教育部基础教育课程教材发展中心主任田慧生为中小学校长作题为“创新人才培养与课堂教学的重建”的学术报告

（二）名校熏陶、名家导航

眼界决定境界。金州新区邀请北京师范大学、华东师范大学的名家以及上海曹杨二中附属学校的王洋、上海交通大学附属第二中学的仲丽娟等名师与校长交流；邀请大连市教育学院中小学校长培训中心的领导和老师到学校进行指导，派送校长到英国、美国、日本、新加坡、中国香港等地名校考察，开阔校长的眼界……名校熏陶、名家导航为打造教育家型的校长奠定了良好的基础。

（三）专家引领、专项研修

专业决定事业。金州新区让校长与中国教科院等专业部门的专家对接，通过专家引领进行专项研修，提高校长的专业水平。开展了“文化建设、学校发展、多元交融”的校长高端主题论坛专项活动，“理念创新、整体建构、品牌提升”的校长办学理念研究专项活动，“关注课堂、关注学生、关注教师”的校长专业发展专项活动……通过这种项目式培训，让校长在研究中学习，在实践中提高，“准备一次讲座比听一次报告有收获、进行一项研究比写一篇体会有实效、参加一次讨论比完成一次作业有长进”，正是这种专项活动，促进了校长的专业发展。专家引领、专项研修为扩大学校办学自主权创造了良好的人文环境。

高端对话、高效培训实现了校长的高品位；名校熏陶、名家导航打造了校长的品牌化；专家引领、专项研修促进了校长的专业化。近年来，金州新区涌现了一批诸如卢凤义、姚志强、牛朝霞、孙兆礼、杜春霞、翟艳莉、于梅、刘峰、于书全、汪振义、王雪洁、张桂星、王波、孙晓明、王君、徐凌霞等有深刻教育思想、先进教育理念和办学实践战略的专家型校长。

第二节　专家型校长典型案例

一、牛朝霞：立足崇高，追求卓越

牛朝霞，女，1977 年参加工作，研究生学历。中学高级教师，辽宁省特级教师。现任大连开发区红星海学校（北京十一学校大连实验学校）党支部书记兼校长。

在多年的学校管理实践中，她确立了“守根固本，和谐共生，多元发展”的办学思想，逐步构建起以“本根教育、和谐教育、时空生命教育”为核心的素质教育体系。在办学实践中，她强调课程统领的作用，提出了“构建多维课程体系”的设想，对国家课程进行跨学科整合，以实现课程教育功能的最大化；对学科课程内部进行整合，以实现学科教育功能的最优化；国家课程、地方课程、校本课程、国际课程有机整合，凸显课程的整体化与系列化。

她始终坚持“中国情、民族魂、世界观”的国际化教育理念，不断拓宽国际教育途径。在任大连开发区第七中学校长期间，她吸收和借鉴国外教育的先进理念和成功经验，开发了一系列独具特色的国际教育课程，为学校快速发展提供了强劲的动力。2009 年，学校获得了“IB 国际学位”总部的准授权。学校国际化教育成果受到国家汉办和英国文化委员会以及英国大使馆的高度赞誉。

多年来，她主持多项国家级、省级科研课题，双语教育研究富有创新性和理论价值。2007 年 3 月，她主编的《学科双语（地理、生物、美术及信息技术）学习关键词与思维链》系列丛书由教育科学出版社出版，其中《地理双语学习关键词与思维链》一书荣获辽宁省教育科学规划办优秀科研成果三等奖。

从教 30 余年，她本人先后被评为第五届全国十佳校长、全国创新管理改革杰出校长、辽宁省劳动模范、辽宁省优秀教育工作者、辽宁省首批专家型校长，获辽宁省三八红旗手、大连市优秀专家等荣誉称号，并获得大连市五一劳动奖章。学校先后获得全国校园文化先进示范学校、全国创新管理改革品牌学校、全国规范化办学示范学校、辽宁省教科研先进集体、辽宁省双语实验先进校等多项殊荣。

目前，她正以“为成就卓越公民而奠基”为办学的崇高追求，致力于探索素质教育实践新思路，培养健康的、有趣味的、有根的、多元的、卓越的优秀公民和优秀的国际化人才，为把红星海学校建成国际知名、国内一流的现代化强校而奋发努力。

二、杜春霞：我以我心，呵护童心

杜春霞，女，1961 年出生，教育管理本科学历。中学高级教师，辽宁省特级教师，国家二级心理咨询师，国家高级育婴师，大连幼儿师范学校高级讲师。现任大连开发区新桥艺术幼儿园园长、党支部书记。曾任大连市托幼协会理事、大连市心理咨询协会理事、中国西部教育顾问、大连开发区学前教育协会会长、大连开发区心理咨询师协会会长、大连职业技术学院学前教育专业顾问、大连金州新区政协委员。

她自任新桥艺术幼儿园园长以来，秉承“以国际化视野，培养全面发展的幼儿”的核心理念，以特色求生存，以科研促质量，全面推进素质教育。仅用了 10 年时间，就使其所在单位跻身辽宁省级示范幼儿园的行列。她本人也成为幼教管理界的楷模。先后被评为 辽宁省三八红旗手、辽宁省优秀园长、辽宁省优秀教育工作者、大连市教育科研先进个人等，并获得国家宋庆龄幼儿教育奖以及辽宁省首届基础教育领域五十项优秀教育科学研究成果奖。

她确立了“办园有艺术特色、教学有艺术特点、幼儿有艺术特质”的发展目标，形成系统的艺术教育办学思想，把艺术教育“固化”在幼儿园的建设与环境布置中，体现在幼儿园与社区、艺术团体的联动中，渗透在幼儿园的常规教学、组织管理中，获得显著的绩效和广泛的社会影响力，使新桥艺术幼儿园成为国内幼儿教育界具有影响力的艺术特色幼儿园。

在教科研管理方面，她坚持走科研兴园之路，先后主持承担国家级、省级、市级、区级课题十几项，以国家级课题“幼儿创造能力与创造人格培养的行动研究”为牵动，形成了国家、省、市、区、园层级课题网络，实现教师全员参与，培养了一大批优秀的幼儿教育工作者，使得幼儿园在特色发展的道路上不断创新。

多年来，新桥艺术幼儿园先后获得“辽宁省级示范园”、“大连市示范幼儿园”、“学前教育达标工作先进单位”、“大连市托幼系统先进单位”、“大连市环境创设基地园”、“大连市绿色幼儿园”、“大连市教育科研先进单位”等称号。

三、姚志强：面朝大海，春暖花开

姚志强，男，1962年出生，中共党员，教育学硕士，教授。现

任大连开发区第一中学校长，兼任辽宁师范大学硕士研究生导师，辽宁省中小学教材审定委员会委员，教育部基础课程改革辽师大研究中心研究员，大连市化学教育学会理事，教育部西部地区教育顾问。先后被评为全国突出贡献教育专家、全国十佳卓越校长、全国百名优秀中学校长、全国

“十一五”教育科研先进工作者，享受大连市政府特殊津贴、金州新区首届政府特殊津贴。

他主要从事基础教育课程与教学、管理研究，主持（参与）教育部及省级以上课题6项，参与国家自然科学基金课题研究1项、获省级以上科技进步奖、人文科学奖3项。先后主编（参编）教材及参考书4部，在“化学教育”等国家级、省级期刊发表论文50余篇，获国家发明专利1项。

他是一位具有开拓力的专家型校长。提出“高质量、有特色、国际化”的发展目标，依据“教育至上，多元发展”的先进教育理念，为每一名学生的成才发展进行量身设计，使学校走上了一条“以‘素质教育’为核心，促进学生多元发展”的教育改革发展之路。为了让“综合素质教育”与“专业文化教育”完美结合，他提出了“以国本课程为红花，以校本课程为绿叶，通过国家课程与校本课程共同促进学生多元发展”的课程结构模型，构建了开发区一中特有的人才培养教育模式。

“多元发展”的特色思路与实践打开了高中教育的新局面，并结出累累硕果，学校教育质量连年上升。高质量教育不仅得到学生家长的好评，也得到了社会的赞誉。学校先后被评为全国百所特色学校实验校、辽宁省课程改革先进学校、辽宁省科研兴校百强学校、奥林匹克教育示范学校、辽宁省文明学校、辽宁省首批示范校、辽宁省模范学校、辽宁省科技活动先进学校。2010年“大连市高中特色建设与课程改革现场会”在开发区一中举行。学校被确立为大连市首批特色学校和辽宁省首批特色学校。

《中国教育报》《人民教育》、中央电视台等媒体多次报道学校的课程成果。2009年学校依据课程建设所申报的“促进高中生个性化发展的平台建设研究”课题被全国教育规划办列为2009年度教育部重点课题，所取得的阶段性成果应邀在“全国第四届中小学校长论坛”等学术会议上作经验介绍。

四、孙兆礼：以心育心，锐意创新

孙兆礼，男，1966年生，中共党员，教育硕士，中学高级教师。现任大连经济技术开发区第十中学校长，兼任辽宁省教育学会理事。先后被评为大连市优秀青年教师、优秀教师、优秀教师标兵、优秀班主任、大连开发区优秀党员、辽宁省干训工作先进个人。2012年7月入选辽宁省教育学会评定的“第二届辽宁省50名专家型名校长”。

他是首届大连市数学骨干教师，辽宁省数学竞赛优秀指导教师，曾获首届大连市高中数学教师数学竞赛优胜奖。主持和参与国家、省部级课题8项，在省级以上学术刊物上发表论文10余篇，出版专著《师德修养那些事》，应中国教师研修网之邀担任教育部“国培计划”项目“中国西部初中数学教师远程培训”指导专家。

他对学校教育有独到而深刻的实践主张：良知，即爱心与智慧，是实施教育的首义。只有从心出发的教育才能潜移默化地流淌于学生的心灵深处。这里的“心”不仅指爱心，也包括教育者要了解学生心理，用科学的心理学知识、方法、手段与学生进行交流与沟通，感化和影响学生。所以，教育要从“心”而发，要以心育心。

正是基于这样的主张，结合学校实际，他在学校锐意推行心理教育以促进学生的健康成长，提出“面向全人的全育化教育，培养学生的健全人格，发展个性，提升终身发展能力”。他根据学校师生的实际情况，科学制定学校的发展规划，明确了心理教育促进学校特色发展的工作思路，确立了“整合资源，开发渠道，课题引领，全员聚焦”的心理教育工作思想，借助心理学技术硬化德育，塑造学生良好的心理品格和优秀的学习品质；同时充分发挥心理教育技术优化智育的功能，在课堂教学中遵循心理学原理，激活学生学习的内在诱因，启发学生的创造性思维。经过近三年扎实的探索与实践，学校终于开拓出一条心理健康教育技术化之路，为实施素质教育、培育健康优秀人才探索出了一个成功的模式。

这一特色实践引起了教育界的极大关注。《中国教育报》、中央电视台网络频道等都专题报道了学校的心理教育工作，学校被评为团中央学生心理健康教育基地。学校成功承办了中国医学与心理学工作者协会第二届心理干预技术学术研讨会，学校的心理教育实践经验更是得到了与会专家学者的高度评价。

五、翟艳莉：守望远方，且行且思

翟艳莉，女，1975 年出生，中共党员，大学学历，教育硕士学位，小学中学高级教师。1995 年大学毕业后从事教育教学科研工作，2003 年被任命为大连开发区松林小学校长，时年 28 岁，是大连市中小学校长中最年轻的一位。现任大连开发区红梅小学校长。曾先后获得全国百名优秀校长、全国语文教改试验研究先进个人、辽宁省优秀教师、大连市中小学优秀班主任、大连开发区十大女杰

等荣誉称号。

她执教的语文课获国家级一等奖，课堂教学录像全国公开发行，并多次受邀在全国会议上进行经验交流；参与国家、省级课题研究 9 项，其中主持的 2 项课题获国家级一等奖；撰写的多篇论文在国家和省级刊物上发表。

她以“主动、坚持、充满激情地做好每件事”这一朴素而坚定的信念扎实地行走在教育教学和教育科研的路上，立足实践，且行且思，时刻把握教育发展的脉搏，不断开拓学校教育发展的新思路，并以“富于良知，充满激情，乐于奉献，勇于创新”来诠释和践行“家园文化”的内涵。

她高度重视学校教育软环境的建设，尤其是青年教师的成长，鼓励青年教师要站在更开阔的视野上广泛涉猎和挖掘周边一切可利用的资源，向书本学、向他人学、向社会学、向世界学。要不断掌握教育发展的前沿信息，做到能够跳出教育看教育；要有问题意识、追问意识和反思意识，善于从实践中汲取教育智慧。

在松林小学，她提出“幸福教育，幸福人生”的人本教育思想，努力构建充满创新活力、富有人文气息的办学模式，把“人格培养、知识传播、历史传承、开放多元”的理念贯穿于学校教育全过程。

在红梅小学，她基于区域教育“多元开放、国际融合”的发展理念，对学校发展目标做了前瞻性定位，在开发区中小学率先提出“中国灵魂、世界公民”的育人目标。致力于学校内涵式发展，彰显多元文化教育，着力领导学校课程建设，系统构建了“多元文化课程、国际理解课程、领袖潜质课程、社会联动课程”四位一体的学校整体课程体系。

六、于梅：倾情开拓，塑美塑心

于梅，女，1965 年生，中共党员，本科学历。现任大连模特艺术学校校长，兼任大连市模特协会会长，大连市人民对外友好协会理事，多次被聘为国家、省市和亚洲模特大赛评委。先后被评为中国名模、大连市职业教育先进个人、大连市优秀教育工作者、大连市优秀教育科研工作者，并获得大连市五一劳动奖章。

她坚持特色办学，开创了我国模特职业学历教育的先例，并取得显著成效；努力探索中等职业模特教育的特色和规律，重点突出学生综合素质、专业技能的培养和个性发展；努力探索服装表演专业教学的发展趋势，掌握了国内外培养模特最先进的理论和方法，开发了适合我国模特职业教育特点、能较快培养高素质模特人才的专业教学体系，形成了特色显著的培养职业模特的教育教学模式。目前，该校的服装表演专业已成为中国乃至国际知名的品牌专业。她所讲授的模特表演与编导课也获省市优质课评比一等奖。

大连模特艺术学校追求教育质量，学校培养的学生已有 130 多人在中国超模、世界超模、中国职业模特大赛、CCTV 模特大赛、全国中等职业学校技能大赛等国内外模特大赛以及美容美发和化妆大赛中获奖；在省市计算机、语文等统考中也取得了优秀率、及格率和平均分名列前茅的优异成绩。由在校学生拍摄的广告就有50多个在央视播出。

她重视国际交流与合作，积极学习国外先进的办学经验，了解和掌握国际上模特职业教育和模特事业的发展趋势。学校先后57次应邀组团赴日本、韩国、马来西亚、美国、法国、比利时、中国香港、中国台湾等十几个国家和地区进行访问、教育教学交流、拍摄广告和演出，并与韩国安养科学大学、韩国大德大学、韩国敬仁女子大学等缔结了友好合作关系，双方互派留学生、进行教育教学成果交流与展示。

她积极组织师生参加大连国际服装节、国际沙滩文化节等演出、礼仪及市区对外招商活动。学校作为金州新区对外开放的窗口，已经成为大连特色旅游的新亮点，“模特之旅”特色旅游项目每年吸引十多万中外游客前来参观和观看演出，为金石滩旅游事业的发展作出了突出贡献。学校的办学经验和成果得到了国内外同行的广泛认可及中外媒体的广泛关注，中央电视台等100多家中外媒体和记者进行了相关采访和报道。

七、卢凤义：追本溯源，守正出新

卢凤义，男，1956年生，中共党员。辽宁省特级教师，辽宁省优秀教育工作者。现任金州新区教师进修学校副校长，金州新区教育学会会长，辽宁省首批示范性高中评估验收专家组成员，辽宁省中小学校长高级培训导师团导师。

他自1984年担任辽宁省水利建设工程局子弟中学校长以来，在初中、高中、教师进修学校正、副校长岗位上工作了28年，积累了丰富的教育经验，积淀了独到的教育思想。

他对教育的本质有深邃的哲学思考："教育是'农业'——是促进生命成长的过程。成长，是主体的成长，主体的成长不可替代，主体的成长有时间周期，主体的成长需要等待。""教育的本质是人帮助人的事业，教师的职责就在于用引导的方式帮助学生，关键是要清楚向哪里引导，何时引导，怎样引导。"

他高度重视区域教育科研文化建设和研训教师的队伍建设，提出了优秀研训教师的12字标准："受欢迎，有影响，善研究，出成果"。即研训教师要深得基层学校教师的喜爱，做教师的良师益友；在区域内学术影响深刻，做区域的学科领袖；积极开展教育科研，不间断地主持课题研究，做领域的学术典范；惯于总结反思，著书立说，做教育的专家学者。

他力推区域教科研要关照群众大范围的实质性参与。他在主持教育部规划课题"我国区域名师团队建设机制研究"的过程中，组建了90多人直接参与的核心研究团队，大范围辐射到区域教师，极大地提升了区域教师的科研素养。他对区域教科研实践进行系统设计，积极探索"专业引领下的校本研究、专题牵动下的校际协作、专家指导下的校区联动"的区域教科研工作创新模式。他直接引领区域开展全域性教师小课题研究，积极推动从课堂教学问题实际出发的“课例创新研究”，促使基层学校的每一位教师人人参与研究，全体进入教育科研状态。他积极倡导专家指导下的“一课两上三导”群体学科教学活动的新模式，即：在上观摩课前请专家为上课教师辅导备课，在上课后由专家点评并进行有针对性的第二次辅导备课，上课教师在第二次备课后再上同一节课，专家通过再点评或亲自上同一节课的方式进行第三次指导。这一模式的实践，切实有效地助推了金州新区广大教师的智慧成长。

第三节　智慧型教师的培育

教师是教育发展的直接动力，教师队伍的成长关系到区域教育未来激动人心的发展。金州新区广大教师在区域深厚的教育文化底蕴的培育下，在兢兢业业开展教育教学的实践中，在踏踏实实的学习、研究和反思中，创造并享受着教育事业带来的独有幸福，迸发出素朴的教育智慧和隽永的教育诗情。

一、培养目标

智慧型教师是指那些思想高尚，具有正确的道德知识、敏锐的洞察力，自觉自如地接受并利用新知识，善于发现问题，善于激发学生思维，引领学生获得知识与技能、增长智慧、健康成长和和谐发展的老师。

田慧生研究员认为，“智慧型教师就是具有较高教育智慧的教师。教育智慧是教育的一种内在品质和境界，渗透于师生教育活动、教育目的、教育价值、教育过程、教育管理等方方面面。由于教师是教育目的、教育价值、教育意义、教育任务的直接体现者、承载者和实践者，是教育活动的组织者和指导者，因此在具体的教育情境中，教育智慧主要通过教育行为加以体现。”

智慧型教师必须具备丰富的知识。必要的学科知识是教师进行教学的前提，如果没有相关学科的知识，一个老师的教学如同无本之木，无源之水。杜威曾提出要成为一个合格的老师，“第一条件要追溯到对教材具有理智的准备，具有超量的丰富的知识”。事实的确如此。很难想象一个不懂英语的人怎么去教英语，不懂数学的人怎么去教数学。相关学科知识是一个智慧型教师所必须具备的基础能力。当然，除此之外教师还需要策略知识和道德知识等。

智慧型教师必须具备较高的民主素养。没有民主素养，就不能平等对待学生，哪怕是极具爱心的教师。细心观察一下很多学校的老师就会发现，很多自认为很有责任心的老师以爱的名义捆绑学生，甚至折磨学生，让学生毫无自由，毫无选择的权利。在这样的环境下，学生最终丧失了创新能力甚至丧失了自我。可悲的是，这些学校和老师，却往往因为表面的学业成绩被公认为是模范。具有民主意识的教师才能打造出民主的课堂、自主的课堂、对话的课堂、高效的课堂，才能引导学生走向智慧，走向成长。

智慧型教师要机智敏锐、心胸宽广。智慧型教师不仅需要广博的相关学科的知识，娴熟的教育教学策略，而且还要具备敏锐的头脑和宽广的胸怀。尤其是面对课堂教学，情况是瞬息万变的，这就需要教师有敏锐的洞察力、巧妙智慧的应急能力以及海纳百川的博大胸怀。

二、培养模式

（一）以个人反思为核心的自主发展

“一堂课，总会有一点收获和遗憾。我要在不断的思考和总结中调整，发扬优点、克服不足，为今后的教育教学工作积累经验，以便尽快提高自己，适应学生、课标和教材的变化。”这是在大连金州新区教育网上刊登的第十三中学李强老师关于《角的比较与运算》的教学反思中的一部分。在这篇教学反思中，他详细地谈了这一课的成功之处、不足之处和改进措施。像这样的教学反思仅“初中数学”这一栏目中就有几十篇，在金州新区教育网的每个学科的专栏里都能见到这种情真意切的教学反思。

校本研修重在个人反思，这种反思不是一般意义上的“写”，而是更深层次的“思”。那种外加的、注重形式与数量的“写”，只能增加教师的额外负担，其结果不是“反思”，而是“反感”。金州新区教师进修学校在关注教师个人反思的过程中，一是在体制上保证关注“人”，二是在制度上保证关注“事”。

为适应研训工作的需要，学校调整了内部机构设置，把以教师进修学校自身发展为主的内部结构设置调整成以服务对象为主的服务功能设置。对外只有小学部和中学部，其他部门功能只对上、只对内，不对下、不对外，这样就避免了对学校的多头领导。每个学科的研训员直接关注的是全区各学校的每位教师，每位教师在研训方面也只面对一个学科的研训员。这样，就从体制上保证了研训工作对“人”的关注。对每位教师的个人反思有专人负责，实现研训员对学科教师的全方位指导与服务，这样的体制创新让教师与研训员都能充分“自主”。

为保证把事情做实，学校还专门制定了《教师个人反思管理制度》。制度中要求教师把个人反思与整个教育教学活动结合起来，在每节教学设计和教育活动的记录之后都安排“个人反思”的栏目，并定期进行检查评比，把教师的个人反思情况纳入教师的业务考核范畴。教师以个人反思为核心的自主发展不意味着自由自在，而是要通过管理，把它变成教师的“自觉”行为。这种自觉需要一个过程，特别是起步阶段，制度显得尤为重要。这种制度不但在形式上有要求、在数量上有规定，更主要的是给教师体验的机会和展示的平台，定期举办“教师反思研讨活动”、在区域网上开辟“教师反思专栏”等，让教师在实践中感觉到“反思的作用”，让反思真正成为教师自主、自觉的行为。关注人和关注事，保证了教师个人反思的充分自主。

（二）以同伴互助为核心的合作研修

在湾里小学多媒体教室的讲台上，三位四年级的英语教师执教完同一个课题的一节课之后，正就这一节课的内容进行着评议。台下来自全市的小学英语教师都在思考着同一个问题：“这么小的一个学校怎么会有三位教四年级的英语教师?”当他们听到研训员的讲评之后便明白了事情的原委，原来这三位教师是来自区内一个“学科共同体”的三所学校的英语教师。像这样的“学科共同体”或“学校共同体”，在金州新区还有许多。

同伴互助的目的是为了共同发展，前提是能够合作。这种同伴互助，更多的是学校内部的事情，教师进修学校不必过多地干预，教师进修学校要关注的是学校解决不了的事情，关注的方法是在体制上保证“能够合作”、在制度上保证“必须合作”。

校本研修视阈下的同伴互助所指的“同伴”，更多的应该是“教同样课的教师”。而在一所学校内，这种“同伴”实在是很少，有的甚至没有。在这种情况下，为了保证“能够合作”，就可以扩大合作的视野。从区域层面，由教师进修学校牵头组建“同伴互助共同体”。这种共同体不受形式的限制，以“能够合作”为目的，一般人数在五至七人最佳，少的可以是两所学校的组合，多的可以是六七所学校的组合。这种共同体由一人负责，定期组织活动。由于都是教同一个学科、同一个年级的教师组合在一起，所以这种共同体的研修活动特别有实效。

体制上只是保证了能够合作，但如何保证合作的效果呢？这主要靠制度。为此，教师进修学校协调区教育行政部门出台了《优秀教师交流制度》，制度中规定男 50 周岁、女 45 周岁以下，在同一所学校工作满 6 年的教师要进行交流。选派年轻骨干教师到涉农地区学校援教两至三年，并规定交流和援教的教师在评职、评优中享受相应的鼓励性政策。这样，就使教师的“同伴互助”从形式到内容上都得到了落实。这种形式的同伴互助，分组时既考虑了教师从事的“共同工作”，又促使了“异质同组”，有助于教师群体素质的提升。能够合作与必须合作，保证了“同伴互助”的实效性。

（三）以专业引领为核心的高端探究

在大连金州新区活跃着这样一支队伍，他们各个团队人数不同、学科不同，没有区域界限、没有时间规定，但是他们有一点是相同的，那就是团队的活动宗旨都是为了实现在探究活动中的专业引领。“卢凤义特级教师工作室”就是这样团队中的一个，也是大连金州新区教育行政部门命名的 13 个特级教师工作室之一。参加工作室的有来自全区十几所学校的物理教师，工作室的引领者也不是只有卢凤义一人，他们可以不定期地邀请全国的著名专家参加工作室的活动。为保证工作室活动的科学规范，他们还以此为载体申报了国家级科研课题“我国区域名师团队建设机制研究”，组建了90多人参与的研究队伍，并和驻区专家组一道研究制定了《小课题开发研究指南》，开展了区域性全员参与的小课题研究。目前，以课例创新研究为主体的小课题研究活动已在全区中小学中展开。

校本研修的高端发展在于专业引领。这种专业引领不是常规意义上的“专家报告”和“专题讲座”，而是要充分保证校本研修的性质不变，要让教师最大限度地参与。为保证专业引领的实效性，金州新区在体制上“组建名师团队”，在制度上“激励本土专家”。

为保证教师的参与和探究，我们组建了区域名师团队，这种区域名师团队有多种形式，如“学科工作室”、“特级教师工作室”等。“特级教师工作室”由区教育行政部门命名，由省特级教师牵头，以学科、学段为单位组织区域内各层次的骨干教师参加。在活动方式上采用提高课堂教学实效性的探究式，如“案例研讨”、“一课两上三导”等。“一课两上三导”即在一次活动中选择一个课题，由名师负责导课，选择教师上课，课后进行评课、再导课，再由这位教师就同一内容再上课，课后再由名师评课或名师亲自执教这一课，“以上带导”。这样，同一节课经过同一位教师两次执教和名师的三次指导，使得教师既明白如何上课，又明白为什么这样上课。名师团队的负责人，有的由区内的特级教师担任，有的由区外的名师担任。但无论是哪种方式，都由本区的教师参与活动。这些名师既导课、评课，又上课；参与的教师既上课又评课。这种方式的专业引领使得教师感到贴近课堂、能够解决问题并且成效明显，非常受教师欢迎。

名师团队建设既解决了校本研修中的专业引领问题，又打造了本土专家。为保证本土专家的健康有序成长，金州新区制定了激励本土专家发展的《名师培养制度》，在全区范围内评选名师，并制定了一系列考核、培训、跟踪培养制度。每学期由区教师进修学校组织人员对名师进行考核评估，对考核成绩优异者进行奖励，对存在的问题进行整改，并定期调整名师队伍。这种动态管理制度大大激励了本土专家的成长，使得区域名师在参与中成长、在探究中发展。组建名师团队、激励本土专家，保证了专业引领的高度。

个人反思、同伴互助、专业引领是校本研修的基本方式。自主、合作、探究不但是新课程改革提出的学生学习的方式，也是教师成长的方式。这几个方面互相联系、不可分割。教师的校本研修方式与成长方式都是一个完整的体系，只有全面把握，才能更好地促进教师的发展。

研训工作机制的创新，有效地促进了金州新区教师的专业成长，教师队伍整体教学水平有很大提高。专任教师中，30% 的教师获得过市级以上优秀、骨干教师等称号，40% 的教师获得过区级以上荣誉称号，同时也涌现出一大批乐于奉献、充满激情、教学水平高、科研能力强的智慧型教师。教师队伍整体素质的提升，极大地促进了区域教育质量的提高。目前，金州新区的教育正沿着研训促教学、教学促成长的良性轨道又好又快地发展。

第四节　智慧型教师典型案例

一、孔玥：文化数学的激情演绎

孔玥，女，1980 年生。教育硕士，小学高级教师。金州新区松林小学数学教师。

从教 11 年来，在专家引领下她不断钻研，积极进取，逐步形成了自己独特的教学风格——清新活泼创教学愉悦氛围，锐意机智促思维多向发展。在 2011 年 7 月举行的全国第十三届小学数学优质课观摩评议会上，她执教的《轴对称图形》一课获一等奖。在 2012 年 5 月举行的“中国教科院教育综合改革实验区高质量课堂展示与研讨会”上，她执教的《探索规律》一课获一等奖。她还参与编写了《义务教育课程标准案例式解读（小学数学）》一书，《让学生的思维动起来——“日历中的数学”教学实录》一文发表在《新世纪小学数学》（2011 年第 1 期），十余篇论文、设计分获国家省市级表奖。

二、冯永：“有氧语文”的倾情探索

冯永，男，1978 年出生。金州新区得胜小学语文教师，辽宁省优秀教师、辽宁省骨干教师、全国百佳语文教师。

十几年来，他对语文教学进行了不懈地思考与耕耘，从教学生“有氧作文”入手，再到关注儿童语文学习过程的“有氧语文”，对语文教学本质的探索和研究逐步深入。他主持的省级课题“现代家长学校办学规律研究”、参与的省级课题“小学校本课程的开发与实践”先后结题，有 12 篇论文先后在《小学语文》《现代中小学教育》等杂志公开发表。他还参与编写《新课程新探索》（吉林文史出版社）、《小学教案优化设计》（新疆青少年出版社）、《小学语文同步阅读》（吉林教育出版社）等多部著作。

三、郭文博：快乐英语的快乐追寻

郭文博，女，1980 年出生。本科学历，小学高级教师。金州新区育才小学英语教师。

她刻苦钻研教学艺术，注重研究和反思，迅速成长了起来。在区“3E”英语教学模式的探索实践中，通过不断学习与反思，形成了从学生兴趣出发、鼓励学生参与、启发学生思维、注重学生选择的快乐交际型课堂教学模式，收到了良好的教学效果。她在全国小学英语教师和辽宁省中小学教师教学技能大赛中分别获二等奖；在大连市教师教学技能大赛和辽宁省英语教师技能大赛中获一等奖。她执教的综合课例获国家一等奖，教学设计单元包获国家二等奖。此外，她还参与编写了《小学英语新阅读》和《寒假乐园》，撰写的多篇论文分别被评为国家、省、市优秀论文。

四、李例：“自能阅读”的潜心耕耘

李例，女，1969年出生。本科学历，中学高级教师、辽宁省特级教师。金州新区春华小学语文教师。大连市优秀教师标兵、大连市语文学科带头人、辽宁省课程改革先进个人、辽宁省骨干教师、全国优秀教师。

她20年耕耘于教学一线，钟爱语文、乐教乐研是她乐此不疲的职业追求。她致力于“入段散悟、通篇思考”的“自能阅读法”的潜心研究，成效显著，曾在区、市、省及全国上过研讨课、引路课、观摩课百余节，在“第一届全国语文优质课大赛”上执教的口语交际课《谁吃了蜜糖》被评为全国优秀课一等奖第一名。她的《自主阅读应着眼于能力的生成》一文获2005中国教育系统（基础教育）年度论文一等奖，《春雨的颜色》等数篇教案、教学设计被《语文研究与教学》刊载。

五、景玉燕：幸福课堂的精心经营

景玉燕，女，1972 年出生。中学高级教师、大连市骨干教师，大连开发区第五中学数学教师。第六届、第七届全国百名中学班主任之星，大连市劳动模范、大连市仁爱之师、大连市优秀教师、大连市优秀班主任、大连市三八红旗手。

她在数学教学实践中积极探索“幸福课堂”模式，取得了良好效果。她潜心钻研业务，参与多项国家、省级课题研究。论文《画龙点睛话数学课堂教学小结》获全国教育管理与实践论坛大赛一等奖，《在爱与感恩中我们共同成长》获课程教育改革与创新论文大赛一等奖，《关于个性化家庭教育指导的成功尝试》获《中国教育学刊》论文大赛一等奖。她长期担任班主任工作，以仁爱之心给学生以信任、以宽容、以熏陶、以滋养，所带班级多次被评为大连市三好班级。

六、宋慧：教学智慧的不懈追求

宋慧，女，1975 年出生。中学高级教师，大连市 109 中学英语教师。金州新区初中英语学科中心指导组成员，兼职教研员，辽宁省初中英语学科骨干教师。

多年来她一直发挥专业特长，从事英语教学，致力学科教学改革，带领教研组提升整体教学，提出人人争做“特色教师”；积极从事科研课题研究，促进英语学科教学模式改革。先后主持国家级课题子课题“数字化环境下英语教师教学环节的设计能力培养研究”等多项研究，《以话题为核心的复习课中如何指导学生学好语法》一文发表在《现代教育科学（中学教师）》2009 年第 5 期。2012 年获大连市教育科学“十一五”规划教育科研先进个人、辽宁省基础教育系统“研究型名教师”称号。

七、王祝军：双语教学的卓越攀登

王祝军，女，1989 年毕业于东北师范大学地理系。教育硕士，大连开发区第七中学地理双语教师。辽宁省中学地理学科骨干教师、辽宁省研究型教师、辽宁省优秀教师。

她执着于地理双语教学与研究，2003 年执教的“Save Our Rainforests”获东北三省优质课一等奖；2006 年执教的“Power Resources in China”获国家级一等奖。2006 年 1 月至 7 月，曾赴英国北林肯郡友好学校任教。曾主持全国教育科学“十五”规划教育部重点课题子课题“初中地理双语教学实验研究”，参与主编《双语教育教学实践与研究》系列丛书《学科双语学习关键词及思维链》（教育科学出版社 2007 年出版），她撰写的《关于双语教师专业化发展的思考与探索》《多媒体辅助地理双语教学》等多篇论文也多次获奖。

八、宫晓波：幼儿成长的智慧呵护

宫晓波，女，1997 年毕业于大连第二师范学校，金州区第三幼儿园教师。大连市骨干教师，大连市幼教系统职业道德先进个人，金州新区仁爱之师。

从事幼教工作 15 年，她潜心钻研，不断成长。在大连市和辽宁省幼儿教师教学能力大赛中均获特等奖，设计的案例《废物变宝贝》获辽宁省一等奖；设计制作的玩教具《多功能小火车》获辽宁省二等奖；设计的案例《多彩的服装》被收入《走进多元智能创意课程》一书。《结合新〈纲要〉，浅谈儿童创造力的培养》等多篇论文获奖，随笔《和托班孩子一起玩耍》获辽宁省优秀教育随笔一等奖。参与“幼儿园骨干教师专业化成长的研究”、“幼儿园活动区课程的构建”等多项课题研究，也是大连市幼儿园探究式活动课程 B 版教材的编写组成员。

九、于鸿弋：信息技术的精益求精

于鸿弋，男，1970 年出生。中学高级教师，大连开发区职业中专计算机教师。金州新区提高教学质量计算机学科中心指导组成员，教师进修学校兼职教研员，大连市骨干教师、大连市优秀教师、大连市教育科研先进个人。

他多年来始终坚持走“教研”的道路，一方面积极探索与研究课程内容建设与教学方法改革，另一方面积极开发教务软件和教学软件，受到了广大师生、市内乃至国内同行的认可和好评。多个教学软件和教育管理软件作品获得中国计算机学会职业教育专业委员会软件评比一等奖、二等奖，获奖作品 10 余件。部分软件在大连市、辽宁省职业系统推广应用。

十、陈志弘：历史教育的深厚情怀

陈志弘，女，1966 年出生。中学高级教师，大连开发区第八高级中学历史教师，大连市历史学科带头人、大连市高中历史学会常务理事、大连市名师工作室理事长、辽宁省历史学科骨干教师、东北三省十佳历史教师。

她在教学上善于钻研，勇于开拓，确立了“主动学习、自主探究”的历史教学理念，形成了独特的教育教学风格。“学导式教学模式”、“情境教学法”以及“立体高效复习法”等收效突出。她在省、市上示范课、优秀课10多节，在东三省优秀课大奖赛中获一等奖。多篇论文在国家级刊物发表，主编的《历史学习手册》《十年高考》《高考全攻略》等十余部教学辅导书出版发行。2007年承担的国家“十一五”教育科研规划重点课题“中小学自我教育自我管理”获优秀成果奖。

第五节 复合型研训员的培育

教师进修与培训机构习惯地被人们称为一个地区教育的航空母舰。研训员作为这一航空母舰上的主要成员，理所当然地应该成为所在地区教育的先行者，所以研训员自身的专业化发展问题在整个教育工作中就显得尤为重要。研训员专业化是教育发展的必然结果，但就目前的教师教育现状看，研训员的专业化还有相当长的一段路要走。研训员要想在校本研修中充分发挥专业引领作用，首先要成为复合型研训员。

一、培养目标

研训员是教育理论与教学实践的结合者。长期以来，研训员致力于教学研究，指导教师的教育教学，引领教师的专业发展。长期以来，研训员的研究重心在学科教学上，这是基础性的和必要的，对于一个优秀的“理论教育者”而言却是远远不够的。新形势下，研训员需要具备较强的教育科研能力；具备基本的研究方法与思路；具备敏锐的“专业眼睛”，在别人熟视无睹的日常教学生活中捕捉到有价值、有分量的课题；具备扎实的研究功底和有效的研究策略。同时，还要组织并指导一线教师做好课题研究工作。这就要求研训员一要从自身做起，率先学习，提高素质；二要注重深入一线，以校为本，并勇于承担起“专业引领”的重任；三要能够定点联系学校，既要对本学科的教学质量负责，又要对自己所包学校的教育发展负责；四要注重亲身实践，重回讲台，提供研究课让教师发现问题，掌握技巧，在行动中研究，在研究中实践，在实践中总结，在总结中提升，让教育智慧在行动中不断涌现。

研训员是教学的指导与教师的服务者。研训人员往往都是从基层学校选拔出来的优秀骨干教师，长期丰富的教育教学实践经验使他们在工作中常以“领导”或“专家”即“指导者”的身份出现。无形中的权威地位使研训员与教师的沟通和指导缺乏了平等、民主、宽松的学术氛围，制约着教师创造力的发挥，不利于学术探讨、研究和教育教学的改进。因此，新形势下，研训员首先要转变观念，放下权威的架子，不是居高临下地指导，而是进行平等民主的学术研究和探讨。研训员应充分发挥教学与课程管理的职能，为学校课程实施、教师教学服务，真正成为教育教学的管理者与服务者，引领教育教学健康内涵发展。

研训员是骨干教师和教师团队的引领者。新时期，研训员的重要任务和职责不仅仅是锻造和培养优秀、骨干学科教师队伍，他们还应该与教师站在一起，解决遇到的诸多困惑与问题，不断发展自我，提升素质，在成就教师的同时成就自我，真正成为本学科的带头人物，引领整个学科教师和团队的发展。

研训员是课程教学的管理与课程资源开发的建设者。传统的课程以学科为中心，一纲一本一统天下，新形势下，研训员不但要研究学科课程，还要研究地方课程、校本课程、综合实践活动；不但要研究课程标准、研究教材，还要指导教师研究怎样使课程与生活相结合；要研究地区差异、研究可利用的课程资源、研究每一个学生，指导教师创造性地实施课程；还要积极参与课程资源开发建设，通过网络建设、编撰书籍、编制课改通讯、录制教学光盘等，为教师提供优秀课程资源，提供优质服务，提供专业支持。

二、培养模式

（一）瞻前顾后——在课题研究中明确研训意识

从一定意义上讲，研训员的思想意识影响着教师的教学行为，研训员的高度决定着教师的高度。所以，从事教师教育的教师，无论是职前的还是职后的，必须有一定的前瞻性。要从教育的发展规律中看到未来的教育方向，要从相对发达地区的教育现状看到当地教育的发展走向。

这种前瞻性表现在对教育发展方向的把握和对当今前沿教育的了解上。作为一名研训员，如果不是站在当时当地教育的前沿去看问题、想问题，那就是落后。如课程改革，我们可能不会要求所有的教师都一步到位，无论是认识还是行动、无论是理论还是实践都可以有一个过程。可研训员不行，不能等课程改革已经开始了再去学习、再去认识、再去实践，而应该是结合当地的实际情况做好所有的前期准备工作，预设好将要出现的问题，为教育行政部门提供充足的国内外课程改革的经验和教训的理论综述和实践资料。只有做好这些前期准备、有了充分的前瞻性，才能保证课程改革的顺利进行，才能发挥好研训部门的作用。

这种前瞻性是对研训员的基本要求，除此之外，研训员在工作时还要“顾后”，那就是要让所有的教师都能跟上步伐，让先进的教育理念尽快转化成所有教师的教育行为。如在进行课程改革的初期，不是所有的教师的观念都能一步到位，不是所有的教师的行为都能符合要求。这就要求研训员做好充分细致的调查研究工作、开展好切实可行的研训活动，让教师在教育教学实践中尽快转变观念、把课程改革的新理念转化成教育教学行为，保证和课程改革的同步。这种后顾在一定意义上比前瞻还要重要。瞻前顾后，决定着研训的方向和水平。

（二）思前想后——在理论探究中明晓研训思想

研训教师一般身处各级的教育业务部门，业务部门的工作要与同级行政部门保持高度一致。这就要求研训人员要有敏锐的眼光、聪颖的头脑，要发挥政策研究、业务调研等多重功能。凡事要想在前面，为教育行政部门制定政策提供可靠的依据。教育行政部门的政策法规一旦出台之后，就要不折不扣地执行，并密切关注学校在执行过程中出现的新情况，为政策的调整和完善提供依据。

如教育行政部门要出台《规范教师学术成果管理的规定》，那么研训员就应该在前期弄清楚目前关于学术成果管理不规范的具体情况、存在的问题等。这样，上述文件的出台才更加具有针对性。一旦文件下发了，就要坚决贯彻执行。研训员由于之前参与了调研和制定，对其领悟起来就会先人一步、快人一时、高人一筹，才能保证业务指导与行政指令的高度一致，保证工作的实效性。研训员的思前想后，决定着政令的畅通和实效。

（三）承前启后——在教育实践中明晰研训行为

研训员与一线教师不同，作为一名教师，只要做好自己的工作，保证完成自己的工作任务就行。即使是一位名师，也只是教出自己的风格与特色。而研训员不同，研训员的工作成果更多的体现在教师身上，体现在教师群体身上，体现在几代教师身上。这就要求研训员的工作必须做到承前启后，保证当地教育的连续性和发展性。

教育是一项长期的系统性工作，教育的历史需要几代人的沉积。如果没有研训员的承前启后，教育就会成为“断代史”和叙述英雄的“史诗”。只有当教育形成一个整体、构成了一个体系才是一个完整的教育，形成一部完美的“编年史”和由教师群体谱写的“史实”。

如一个地区在每个时期内都会出现一些有名的教师，也会形成自己的教学风格，可却很难出现一些相对成熟的教育特色。这就要求研训员在工作中能够把握本地区、本领域的教育教学工作在一段时期里的工作风格和特色，善于总结和及时推广当地的教学特色，让年轻教师能够继承前辈老教师的教学风格并不断完善。这样，经过研训员的沟通，经过几代教师的传承，才会形成一个地区相对稳定的教学风格与特色。承前启后，决定着教育的传承和发展。

瞻前顾后、思前想后、承前启后是从思想和理念上、时间和空间上阐述研训员的工作方略。

通过综合性、系统化的培育，金州新区逐步打造了一支高素质的研训员队伍。他们主动开展教育科研，善于总结反思，勤于著书立说，在学科教学上卓有建树，致力于做教师的良师益友，在区域内影响深刻，以较强的教学指导能力、科研指导能力深得基层学校和教师的喜爱。

第六节　复合型研训员典型案例

一、梁晓红：追求语文教育的温度

梁晓红，女，1974 年出生。辽宁省特级教师。金州新区教师进修学校小学语文研训员。

十几年来，她把全部的热情和智慧都倾注在小学语文教学教研工作中，潜心钻研教育教学理论，执着探索教育实践，曾撰写教育教学反思 30 多万字，教研反思十几万字曾参与编纂《小学语文实验教材》，主编《小学语文教案》《新阅读》《自主学习》《小学语文标准练与考》等多部教辅用书。在这其中，她撰写的《教学模式改革与素质教育》《让学生在课堂上学会共处》《与学生一起成长》等多篇论文获得国家级优秀论文奖。

研训工作中，她对所负责的教师群体情况做了广泛深入的调查和细致具体的分类，并对教师群体存在的教学问题进行收集整理，然后根据教师的具体情况和教学中存在的普遍问题开展了有针对性的教研活动，做到了活动前有计划、有调查，活动时有研讨、有问答，活动后有反思、有交流，确保每一次教研活动都省时高效，都能得到教师群体的欢迎，促使更多教师有收获、有发展。她先后组织教师进行“快乐识字”、“灵动的语文课堂”、“以学定教理论的实践转化”、“口语交际的实施策略”等方面的研究，深具前瞻性和实效性。

由于在教科研方面的突出成绩，她获得中国教育学会小学语文教学研究会系统先进工作者、大连市基础教育课程改革实验工作先进个人、大连市优秀教师等荣誉称号，并且多次在国家级、省级精品课展示活动中上课，为骨干教师做讲座。她主持的“小学语文思维训练”、“面向二十一世纪素质教育小学语文教学模式实验”、“儿童生活作文”等课题也通过国家鉴定或获省级科研成果奖。

二、齐铁清：追求数学教育的深度

齐铁清，男，1965 年出生。全国优秀教师，辽宁省特级教师。金州新区教师进修学校小学数学教研部主任兼研训员。

作为一名数学特级教师，他多年来致力于数学课堂教学的理论和实践探索。他对概念教学进行了深入研究，在各级会议共上观摩课近百节，其中《约分》一课被评为省级优质课；撰写论文几十篇，其中《数学教学中的问题与策略》等在《辽宁教育》上发表。

基于区域数学教学的现状，他结合自己的教学实践，总结提出了“激趣—发现式教学模式”。代表这一研究成果的《比例》一课和《激趣—发现式教学模式初探》一文，分别被全国现代小学数学研究中心评为优质课和优秀论文。他承担的“代小学数学”、“小学生思维能力训练”两个课题分别通过国家和省级课题组的验收，《小学数学思维训练》《小学生能力培养》等几本书也是这一成果的集中体现。在此基础上，他不断探索，研究领域从以学科为主转向了以学生为主，提出了“主动发展”的教育模式，体现这一思想的《让全体学生全面主动地发展》一文在 1998 年的辽宁省数学年会上被评为一等优秀论文。

“要当教育家，莫做教书匠”是他刚刚走上讲台时立下的志向。“读万卷书，行万里路”是他治学的标准和座右铭。近 30 年的教坛生涯，他的讲学足迹从锦州到沈阳，从辽宁到北京，从内地到西藏，遍布全国各地。近年来，他专注于教师校本研修的研究，主持辽宁省教育科学规划办立项课题“区域校本研修中特级教师专业引领研究”，个人专著《教师与校本研修》由内蒙古出版社正式出版。

三、陈玉卿：追求英语教育的厚度

陈玉卿，女，1966年出生。教育管理硕士，中学高级教师。金州新区教师进修学校英语研训员，大连市中学教师高级专业技术资格评审委员会委员，中国教育学会外语教学专业委员会委员及教学研究与教师教育指导专业委员会委员。

在研训工作中，她注重以先进的教育理念为指导，在解决问题中不断提升学科教学质量。如针对城乡学科教育不均衡问题，主持并完成了省“十一五”课题“农村初中英语教育状况与对策研究”，为缩小城乡教育质量差距提供了有益借鉴。她以丰富的研训活动为抓手，积极为教师搭建交流学习的平台，促进学科教师队伍的健康发展。针对全区各个学校学科教学的实际情况，她积极探索构建有效课堂教学模式。为培养和提高基层教师开发课程资源的能力，她积极开展专题讲座、校际联动、开放课观摩等相关研训活动，提高了学科教师研究、开发校本课程的能力，一批特色突出、效果明显的校本课程如电影配音、课本剧、报刊阅读等相继进入课堂。

她先后多次在全国论坛、省市骨干教师培训等活动中作专题讲座，在辽宁省研训教师基本功大赛中荣获一等奖。她所指导的优秀课获奖36项，其中国家及省级获奖16项。她先后主持参与完成辽宁省科研课题5项，分别获得辽宁省“十一五”优秀科研成果奖、辽宁省科研课题研究报告一等奖、全国“十一五”教育科研成果一等奖。在研国家“十二五”科研课题2项。在国家级刊物发表论文7篇，主编的《义务教育课程标准（2011年版）案例式解读·初中英语》由教育科学出版社出版。

四、林志强：追求化学教育的浓度

林志强，1962年出生。本科学历，中学高级教师。金州新区教师进修学校化学研训员。曾获大连市优秀教师、大连市教育科研先进个人、大连市及辽宁省基础教育课程改革实验工作先进个人、东北三省优秀教研员等称号。

在研训工作中，他重视通过自身学习吸纳先进的教育思想和理论，通过专题研究付诸教学实践活动，通过行动研究的总结与提炼发现典型，通过典型推广引导教学改革不断深入。在全面了解学科整体教学状态和个体教学行为的基础上，以区域研训与校本研修相结合，以小课题研究与课堂教学模式构建相结合，以整体提升与分类推进相结合等方式，探索解决教学中存在的共性问题和个性问题，全员、全程地指导和服务全区常规化学教学工作。同时，他科学合理地开展教师培训工作，构建有效的教师培训模式和体系，通过课题研究和学科中心指导组培养骨干教师，通过学科基地校和校际联动提升群体教师素质，以自主式的个人反思、合作式的同伴互助、探究式的专业引领促进教师向智慧型发展，取得了良好的教研效果。

多年来他致力于初中化学教学研究，取得了丰硕的学术成果。2001年，大连开发区作为人教版初中化学新教材全国唯一的实验区率先进入课程改革，他被聘为人民教育出版社和课程教材研究所实验教材培训团专家。主编了近10种学科教学用书和教辅材料，

《导航学化学》《化学实验报告册》《创新设计·化学》经辽宁省中小学教学用书编审委员会审查通过并出版发行。他主编的《义务教育课程标准（2011 年版）案例式解读·初中化学》由教育科学出版社出版。

第五章

高品质文化课堂实践

课堂是师生生命成长的一个文化场，课堂教学活动是师生共同传承和发展人类优秀文化的生命活动。《教育规划纲要》指出，要把促进学生健康成长作为学校一切工作的出发点和落脚点；要把教育资源配置和学校工作重点集中到强化教学环节、提高教育质量上来，改革教学内容、方法、手段，强化教学环节，增强课堂教学效果，提高教育质量。金州新区深入贯彻落实纲要精神，牢固树立“促进每一个学生健康成长”的教育宗旨，在深化课程改革与实践中，积极探寻彰显高品质“文化课堂”，通过突出师生的双主体，深掘课程的教育内涵，创新教学实践模式，活化教学方式方法，实现学生学习能力、实践能力和创新能力的有效培养。高品质文化课堂的实践探索促进了金州新区教育教学质量的全面提高。

第一节　文化课堂的本质内涵与基本特征

一、文化课堂的本质内涵

课堂是课程实施的主渠道，课程实施的本质是传承发展人类优秀文化和促进学生的健康发展；课堂教学的核心要素是“人”，课堂教学的基本内容是“文化”，课堂教学必须在传承发展人类文化和育人的高度下开展；课堂教学必须尽量完美地实现课程的文化价值和育人价值。

高品质“文化课堂”是指以传承发展人类优秀文化和促进学生的健康发展为核心价值追求，教师通过深入挖掘课程所蕴含的问题，充分发挥课程内容的文化性和育人性，通过科学灵活的组织调控，充分调动学生的学习积极性、学习意识和思维创造，使师生在对课程的生动理解中，个体的智慧、个性与活力得到完美展现的课堂。

高品质“文化课堂”注重彰显课程本质，深化课程内涵，淡化模式流程，强化教师主导，活化学习方式。通过教师更好（适切）的主导，让学生以更好（适当）的学习方式学习人类文化，获得更好的（适性）发展。

追求课堂教学的“适与真”便是高品质“文化课堂”的核心要义。彰显文化价值、促进学生健康发展的文化课堂可谓彰显真善美的课堂。所以文化课堂是求“真”的课堂，即教学设计朴实而不矫情，能够尽量让学生经历本真的学习；文化课堂是尚“善”的课堂，即教师态度亲和而不冷酷，能够尽量让学生享受温暖的境遇；

文化课堂是向“美”的课堂，即教学过程精致而不纠结，让学生获得愉悦的体检。

彰显师生生命价值的文化课堂，需要课堂既要有文化的“魂”，又要有文化的“形”：以课程的文化价值和教育内涵为“魂”，课堂才可能具有文化底蕴，才可能让师生经历一段美妙的生命体验；以课堂环境与师生心境的和谐为“形”，既有火热思考，又有娓娓道来，课堂才可能体现人文内涵，才能实现教育的育人价值。

二、文化课堂的基本特征

按照文化课堂的本质内涵，文化课堂的基本特征是突出学生的主体性，坚持教师的主导性，深化课程的育人性，激发学生的创造性。

（一）突出学生的主体性

学生是课堂的主体，是有着内在价值生命的个体存在。每一个学生既是具有独特性、自主性的存在，又是关系中的存在。主体性既是意识与思维的主体，也是态度与行为的主体。课堂教学要突出学生的主体性，就是在学习过程中充分唤醒学生的认知内驱力，让学生更好地经历对课程内容的理解与创造，通过问题解决，更好地实现思维方法的培养与积极情感的塑造。

突出学生主体性除了要关注学生的全面发展，还要尊重学生的差异性，鼓励学生个性发展。也就是说，绝不能用一种标准衡量所有学生，应关注学生个性，创设有利于学生发挥自己特长的学习环境。文化课堂承认学生差异的客观存在。教师要正确看待差异，把差异视为教学资源；要全面观察分析每个学生，关注个体差异；要保护和调动每个学生的学习兴趣，善于发现学生个体的闪光点。

（二）坚持教师的主导性

教学是由学生、教师和课程内容之间形成的教学系统、学习系统和课程活动系统构成的有机系统。课堂深层结构的“以学定教”是依靠表层结构的“以教导学”得以实现的。教师要把学生的“学”作为“教”的出发点和落脚点，学生的学是在教师适当和有效的“导”的前提下进行的。因此，高品质的“文化课堂”要以坚持教师的主导性为前提。

为学生提供更好的课程，为学生创造更好的学习机会是教师主导性的集中体现。课堂教学中深刻挖掘课程内涵，将静态的课程知识转化为能够引发学生思考探究的动态问题，用结构化的问题展现知识的逻辑和认知的逻辑；彰显课程的文化价值，充分尊重学生的主体地位，科学有效地调控课堂教学是坚持教师主导课堂教学的基本策略。

（三）深化课程的育人性

课程是一种文化的传承与创生，这是文化观下课程的基本立场。课程是学生怀着对知识、智慧、生命乃至精神上的需求去热情体验的一个动态旅程。只有真正为学生经历、理解和接受了的知识才称得上是课程，不能触及学生心灵与情感，没有给予学生智慧启迪和生命润泽的课程不是真正意义上的深刻的课程。

文化课堂下的课程从课程的性质、基本理念、目标与内容以及课程实施与评价等方面反映出以下基本特征：价值性、主体性、社会性、过程性、生成性和发展性。即文化观下的课程是在为学生提供良好教育的宗旨下，让每一个学生都能积极参与课程实践活动，都能在教师的激励和引导下，通过自主探究和与他人合作交流，逐步经历、认识和体验课程知识的结果与形成过程，并在这一过程中获得知识、技能、思想、经验和精神品质的不断发展。

（四）激发学生的创造性

高品质“文化课堂”提倡给予学生一定的自由空间、自由时间和自由意志，培养学生不迷信、不盲从，勇于提出自己观点的思维习惯。鼓励和培育学生的追问意识、问题意识、大胆猜想和想象以及创造性的思维表现。在课堂上，保护学生的好奇心比维持课堂秩序更重要，指导学生学习方法比教给学生知识更重要，引导学生学会运用知识比单纯传授知识更重要，关注学生的思维发展比关注知识的记忆更重要。

第二节 文化课堂的标准指向

高品质“文化课堂”的实践中，要以课程所蕴含的问题为主线，让学生经历问题解决全过程（发现问题—提出问题—分析问题—解决问题—应用拓展问题），使学生在这个过程中，掌握知识技能，提高学习能力和创新能力，培育健康的、积极的情感，获得全面发展和个性发展。高品质“文化课堂”是一个开放的生命活动的系统，不可能有一个绝对的量化指标。在开放的意义下，文化课堂要彰显高尚的教育哲学，要渗透丰富的课程内涵，要设计和谐的教学结构，要营造开放的智慧空间。而文化课堂的标准指向至少要体现出以下六种课堂的气度品质。

一、高尚的课堂

高尚的课堂主要表现在教师在组织教学内容时立意高远，深刻挖掘课程内容的精神实质，着力通过课堂教学传递优秀的品质，培养学生完整的人格。同时，教学过程中尽力呵护学生的天性和尊重学生的个性，淡化知识的准确率和技能的熟练度，强化学生思维能力的培养和精神成长的关怀。

二、真实的课堂

学科知识蕴含着丰富的学科内涵，拥有特殊的学科逻辑。真实的课堂首先表现在教师对课程内容的挖掘，通过对知识本体的研究，深刻认识学科的核心本质，使得课堂教学充满学科的意蕴。其次，教师选择教学内容时应当充分分析学生认知发展的特点，认识到不同阶段、不同类型学生学习深广度的差异。第三，教师所采用的教学方式应遵循学生身心发展的规律，能够充分激发学生的学习激情。

三、快乐的课堂

保持学生学习过程中的身心愉悦是促进学生高质量学习的重要途径之一，课堂教学中营造快乐的氛围有助于学生全身心地投入学习。快乐的课堂主要表现在教师的教学富有激情，充满智慧，既能够实现基本知识的传授，又能够调动学生的内心情感；学生学习的态度、意识、情感和思维表现奔放充实，能够充分体会求知的艰难与乐趣。

四、丰厚的课堂

对课程内容认识的深度决定了课堂教学的厚度。丰厚的课堂主要表现为，教师在教学中能够充分彰显课程内容的特点，强化知识来龙去脉的展示，认识课程内容所蕴含的认识价值、方法价值和社会价值，以过程和方法目标为核心，同时渗透和关照多维目标的实现，力求体现知识的功能和价值。

五、和谐的课堂

和谐发展是教育的理想境界，是新课程改革极力倡导和追求的价值取向。在课堂教学这个师生共同进步、相互作用的综合体中，和谐的课堂主要表现在师生平等的对话交流、教学相长，教师的教学目标与学生的学习需求保持协调一致，课堂教学目标和实现教学目标的教学策略内在统一。

六、创新的课堂

教学是一门艺术，艺术的生命在于创新。创新的课堂主要表现在教师结合学科的特点对教学内容的设计与呈现优化组合；对教学方法进行创造性的选择；教学中学生的创造性思维和实践能力得到培养。同时，要强调的是，课堂教学的创新要充分尊重学生的特点，符合学科的本质特点。

第三节　文化课堂的推进策略

一、教育教学观念引领

教育观念和教学思想是教师进行高品质课堂教学实践的前提和基础。为此，金州新区充分借助高端专家资源，对广大校长教师进行教育教学发展方向、思想和实践智慧的引领。

中国教科院院长袁振国教授特别为金州新区中小学校长和教师代表先后作了题为“《教育规划纲要》精神解读”、“一流的教师铸造一流的教育”的学术报告，教育部基础教育课程发展中心主任田慧生研究员也作了题为“创新人才培养与课堂教学重建”的学术报告，高水平的学术报告为广大校长、教师开展教育教学实践指明了方向，并极大地鼓舞了他们积极探索文化课堂的热情。

为使广大校长和教师全面深刻理解文化课堂的本质、内涵以及评价标准，中国教科院驻区专家组李铁安博士多次为全区校长、教师和研训员作“高品质课堂教学的基本问题”、“新课程基本理念解读”、“文化课堂的基本特征与实践路径”等学术报告，并进行主题交流。这些学术引领对广大教师来说，是更新教育观念的提前“备课”；对区域教育来说，是创生教育文化的乘势“搭台”，能够帮助广大校长、教师、研训员提高认识、坚定思想，对广大教师尽快充实、从容、理性地走进文化课堂，具有引领和启发作用。

二、“四有”课堂模式规范

为了促进教师对课堂教学的本真探索，强化教师课堂教学水平，金州新区在全区范围内开展落实“四有”课堂实践。

所谓“四有”课堂，就是要让学生在课堂上：有足够的思考空间，鼓励学生提出有价值的问题，教给学生思考问题的方法，给学生创造宽松的思维环境和心理环境；有质疑问难的机会，给学生发现问题、思考问题的时间和空间，培养学生提出问题的勇气和习惯，教给学生提出问题的方法；有充足的练习时间，练习的时间分配要科学合理，练习的形式要多样化，应该包括动口、动手、动脑、动笔等多种感官的活动；有选择不同层次练习题目的权利，尊重学生差异，让不同层次的学生自主选择适合自己的练习题。

金州新区所倡导的“四有课堂”，坚持以突出学生主体地位为前提，以注重学生学习能力的过程培养为目标，以保证教学目标的层次性、教学内容的差异性、教学过程的完整性、教学方法的灵活性和教学评价的发展性为原则，以强化学生“思”与“练”这两个过程环节为主题，让学生有思考空间、有质疑机会、有练习时间、有选择权利。

为扎实推进“四有”课堂，金州新区采取了“课堂教学案例式培训”、“一课两上三导”、“有效教学反思”等措施。2010 年 9 月，教育文化体育局召开了 2010 年下半年基础教育工作会议，明确提出要加强教学管理，改革教学方法，向课堂 45 分钟要质量。11 月，金州新区教育文化体育局召开教学管理工作会议，并出台了《金州新区义务教育阶段教学管理规定》。12 月，金州新区教育文化体育局分别举行全区初中、小学教学管理现场会，对前一阶段教学管理工作进行了总结，并着重探讨如何改进教育教学工作，提升课堂效益，提高教学质量。2011 年金州新区教育文化体育局制定并下发《关于深化有效教学推进高效课堂建设的指导意见》，提出了文化课堂的“四有”理念，并全面推行。2011 年 12 月组织召开了“全区小学‘四有观念’高效课堂观摩研讨会”，进一步提高了课堂改革的意识，使教学改革不断向纵深推进。

三、多元模式探索实践

在素质教育和新课程改革的背景下，金州新区紧紧围绕高效课堂建设，坚持以突出学生主体地位为前提，以注重学生学习能力的过程培养为目标，以保证教学目标的层次性、教学内容的差异性、教学过程的完整性、教学方法的灵活性和教学评价的发展性为原则，以强化学生“思”与“练”这两个过程环节为主题，广泛开展了多元化的文化课堂实践探索，在教学模式的探索方面出现了可喜局面，涌现出一批各具特色而又符合自身实际的课堂教学模式。如红梅小学的“问题驱动”课堂、开发区第十中学的“心理学技术驱动”课堂、松林小学的“开放式”教学模式、港西小学的“悦目赏心·主体驱动”教学模式、春华小学的“三段五步式”教学模式、民和小学的“五段式”教学模式、实验小学的“自主课堂”教学建构、红旗小学的“自主开放式”教学模式、董家沟小学的“三学一练”教学模式、开发区第九中学的“六六课堂”教学模式以及开发区第三中学的“问题多维驱动”教学模式等。

（一）校际联盟

为进一步加强文化课堂建设，探索适合课程改革又具有自身特点的教学模式，金州新区一些学校还建立起校际联盟，加强研讨与交流。如开发区二中发起并承办了“名校联盟‘打造高效课堂’研讨活动”；实验小学、港西小学、格林小学建立校际联动关系，以课堂教学模式研讨活动为抓手，相互切磋课堂教学技艺，增进校际间的合作与交流，促进高效课堂建设的落实。围绕高效课堂建设，金州新区中小学在探索多元化教学模式的道路上正快步前行。

（二）理论学习

各个学校在创新教学方法方面的首要任务就是加强教师对教学理论的学习。比如，新一轮课程标准出台后，实验小学先后请语文、数学等学科专家走进校园，通过讲座、评课等方式，切实提高教师解读和落实课标的能力；金源小学把读书视为教师提升自己、超越自我的有效途径，除了每学期为每位教师量身推荐专业书籍之外，“同品一本书”沙龙活动成为该校教师在个性品读后聆听他人体悟、进行思维碰撞、博采众长、不断丰盈自己的最佳方式。通过理论学习，教师能够更清晰地明了教学改革的目的、内容和路径。

（三）备课、听课与评课

备课、听课与评课是学校提高课堂教学质量的必要内容。各个学校纷纷采用多种形式推进备课与听评课活动。实验小学通过“同课异构”与“一课多上”活动，既让学科组内教师分别上课、观摩、反思、改进，直到最后提炼出这一类型课的不同教学思路，又让年轻老师多次执教一节课，并不断改进，不断促其提高，为教师提高教学能力、凸显个人教学特色奠定了坚实的基础。春华小学不断组织教师看课诊断，把脉目前课堂教学存在的问题，推出对策，形成策略。例如：针对课堂动力不足，学校提出了课堂教学三个“一”的要求：一是课程设计要多给学生思考的空间，让学生每节课有深刻的回忆；二是课堂上重视学生的参与和自主学习，让学生每节课有主动参与的成功体验机会；三是教师自身要树立问题意识，让每节课有思考和改进的问题。通过强化备课、听课和评课，极大地促进了教师对教学的深入思考，为课堂注入了活力。

（四）主题研修

主题研修是催生教师教学机智、促进教师成长、创设和谐的教师文化以及实现学校发展的重要平台。主题研修活动既要有精心提炼的研修主题，又要提出问题、对研修中的问题进行归纳总结，并形成下一次研修的主题内容，还要有碰撞、有生成。各个学校积极开展主题研修活动，比如松林小学的“以导促学，构建开放的数学文化课堂”、青松小学的“落实四有课堂，以问题探究为中心，重情趣重感悟重积累”和红梅小学的“落实四有课堂之有质疑问难的机会”等。通过主题研修，教师就课堂教学中的特定问题进行深入的研讨，有助于培育并创生新的教师学习文化和课程教学文化。

（五）专家指导

对学校教育教学进行指导服务是中国教科院金州新区专家组的一项重要工作任务和工作内容。为了解金州新区基层学校教育教学工作的经验及问题，指导帮助基层学校有效开展教育教学实践，提炼区域基础教育内涵发展过程中的关键问题，完善区域基础教育内涵发展的实施方案，根据金州新区基础教育内涵发展总体思路要求，专家组选择若干具有代表性的基层学校，深入其中，通过听取校长介绍、教师座谈、课堂观察与反馈、提出指导意见等形式，对基层学校进行有针对性的指导。为切实有效地推进高品质教学工作，中国教科院驻金州新区实验区专家组会同金州新区教育文化体育局、教师进修学校规划设计了《金州新区高品质教学工作实施方案》，提出了构建高品质课堂标准、创新备课模式、创新观课评课技术和探索课堂教学实施模式等四项过程性工作任务。

自综合改革实验区成立以来，中国教科院驻区专家组专题调研、全面指导，积极推进文化课堂建设。在2009年9月中旬至12月上旬近三个月的时间里，专家组深入到开发区41所公立中小学和模特艺术学校、职业中专以及素质教育活动中心，通过校长访谈、教师座谈、随堂听课、实地考察等形式进行实地调研。此后，专家组以“聚焦课堂”为着力点，多次深入课堂听课，并与学校领导和一线教师积极沟通交流，不断研讨总结，努力推动文化课堂教学模式的探索和构建。研训员充分发挥其职能，到各校对课堂教学进行指导。仅2011年就对全区中小学开展各年级全学科的教材教法辅导70余次，开展“落实四有课堂”教学研讨活动20余次。

▲ 专家组深入课堂，指导教师主题研修

（六）名师引路

2009年，金州新区成立了余映潮工作室，聘请了余映潮等一批特级教师和教育专家来区进行课堂教学指导。一改专家报告、讲座的单一做法，创立了“一课两上三导”的课堂实例教研模：确定一节典型课（一课）请专家为区域内做课教师进行备课指导（一导）；做课教师面向全体教师上课（一上）；专家对所上课给予评价、指导（二导）；做课教师根据专家指导再备课再上同一节课（二上）；课后专家再对课进行评价，并通过报告和亲自上一节课的方式进行指导（三导）。同一节课经过同一位教师两次执教、名师的三次指导，使得教师既明白了如何上课，又明白了为什么这样上课。

四、课例创新整体推进

“课例创新研究”是金州新区教育综合改革实验区在国内率先提出的关于教师实践学习的一种新模式，在区域范围内已全面推进。课例创新，是指教师对一节具体的教学内容进行全程化的实践研究与创造。首先，教师精心选择一节具体的教学内容，对其做原生态的教学方案创新设计，然后教师根据所设计的创新教学方案开展教学实践，再对教学实践效果进行总结、分析、反思和提炼，最后提出新思考和新问题。开展课例创新研究，是引导教师立足教学实践、树立科研意识、强化学习反思、凝聚教学思想、提升教学智慧的最有力的实践活动。

为使课例创新研究深入展开，专家组精心策划了实施方案，并进行了全方位跟进指导。根据专家组的建议，教师小课题研究作为一项重要的工作任务，也被纳入了新区基础教育2012年的工作计划。小课题工作启动后，专家组首先会同教师进修学校，经过多轮研讨和论证，推出了《金州新区小课题研究工作实施指导意见》和《金州新区小课题研究课题指南》。教师小课题研究在全区中小学迅速铺开。在此基础上，专家组先后十余次深入基层学校，解读上述意见和指南，走进课堂观课、评课并参与教师主题研修，为教师小课题研究工作的开展积极地提供指导和服务。为充分展示金州新区小学层面在教师小课题研究方面的阶段性成果，大范围交流与分享小课题研究经验，进一步推动小课题研究工作走向深入，2012 年 6 月 12 日，金州新区教育文化体育局基础教育处在东山小学举行“金州新区小学小课题研究观摩研讨会”。目前，“课例创新研究”在区域内全面推进，已成为教师提升专业素养和教学能力的最有效途径。

第四节　文化课堂实践典型案例

在区域推进“彰显师生生命价值的文化课堂”过程中，每个学校都在不断探索适合自身发展的教学模式，促进教师深入探讨教学过程中各种因素的意识形态与影响效果，从而灵动地把握教学的本质与规律，实现课堂品质的最优化。

一、开发区第十中学：“心理学技术驱动”课堂

开发区第十中学充分借助心理学技术驱动学生学习情感与认知，实现了引发学生积极参与、规范学生知识结构、强化学生认知过程、鼓励学生积极探究、调动学生情感体验五个目标。

利用专注与倾听技术引发学生积极参与。专注是指教师借助语言和非语言信息向学生表达关心、尊重与接纳，增强团体意识；倾听可激励学生多说、多思考，有利于团队健康和谐，有利于学生主动思考。

利用重述与具体化技术规范学生知识结构。重述即对学生表述

的信息内容重组，让学生感受到教师的倾听、支持与尊重；具体化是指教师在倾听过程中，把学生表述含混不清之处明确化，让其学会精准地回答问题。

利用引导与面质技术强化学生认知过程。引导是指教师鼓励、启发学生理清思路、调整思维、趋向核心、深入剖析，高效解决问题；面质是指教师带有质问的成分而非态度，对学生自相矛盾、模棱两可的观点进行质疑，让学生直面问题，有效洞察，找到本质。

利用同感与支持技术鼓励学生积极探究。同感是“通情”、“同理心”等，指站在学生的角度考虑问题，让学生知道教师已经了解了他自己的感觉、经验或行为，引导学生深入探索自我；支持是指教师对学生予以充分的关怀、积极的鼓励，让学生积极参与，并在活动中实现超越。

利用保护与自我开放技术调动学生情感体验。保护是指教师关心弱势学生，让学生免受心理伤害，构建和谐课堂；自我开放是指鼓励学生“自我暴露”、“自我揭示”，师生一起发现问题，解决问题，师生真诚、坦率，实现课堂更深层次地互动。

学习与心理健康关系密切，学习要高效，首先心理要积极，从研究学生产生心理问题的因素入手，探究解决问题的途径与方法，打造有效的课堂教学，需要全社会的高度关注。

二、松林小学：“开放式”教学模式

松林小学通过对教学时空、教学内容、教学组织形式、教学方法等诸要素的开放研究，以“导、学、展、拓、评”贯穿课堂教学始终，探索建立新型师生间、生生间和谐平等、相通相融的互动关系和开放式教学。“开放式”教学模式强调“五步教学法”。

导——创境导入，学法指导。教师创设、优化或选择富有情趣的情境导入，或创设情境，设置悬念；或做做玩玩，展开讨论，引发学生主动探究问题的学习动机。同时，教师重视学法指导，以问题为主线，提出明确、具体的自学要求，促使学生进行新旧联系、知识迁移。

学——自主学习，合作探究。一方面，学习个体在教师学法指导下的个性化学习；另一方面，学习个体在个性化学习的基础上进行以小组为单位的合作学习。

展——成果展示，师生互动。学生个体以小组为单位，通过多种方式将个体自学、小组合作学习的情况在全班进行展示，并且交流成果。在此过程中，教师以普通一员的身份加入，通过适当的点拨发挥其导向作用。

拓——拓展练习，实践延伸。教师既要精心设计不同层次、具有典型意义的练习题，让学生练多，练全，练在关键处；又要促使学生把所学到的知识、技能、理论运用在各种实际活动中去，学活知识，用活知识。

评——立体评价，全课总结。在教师的主导下，建立新型师生、生生课堂互动评价机制，建立科学、有效、立体、多元的课堂评价体系，实现学习与评价一体化。回顾本课学习内容，对知识及获得知识的方法进行总结提升。

总之，在开放式教学模式中，在“导”与“评”的过程中，教师充分发挥其主导作用，在“学”、“展”、“拓”的过程中，学生充分展现其主体作用，教师主导作用和学生主体作用在学习活动中成为不可分割的整体。

三、实验小学："自主课堂"教学建构

实验小学的"自主课堂"教学模式，就是发挥教师的引导作用与学生的主体作用，建立以学生自主学习活动为主线，课内课外相结合的开放的教学结构。它蕴含"模式"课堂建构、"活力"课堂构建和"生态"课堂构建三个阶段。

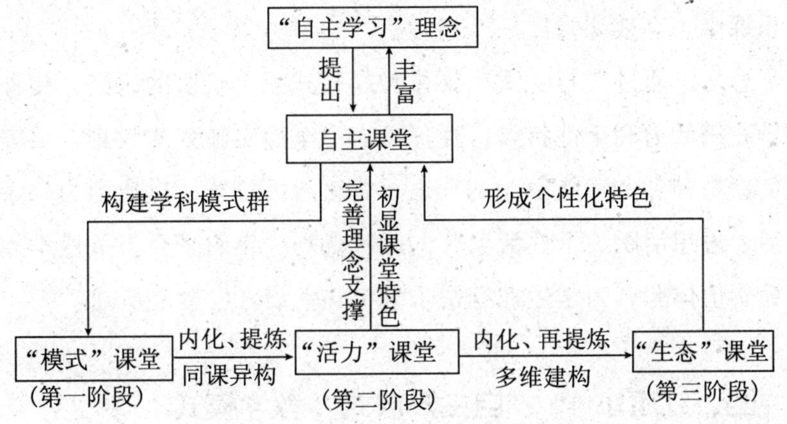

图 5－1　实验小学自主课堂模式

"模式"课堂建构：一是学科总体模式构建，形成了总体的"自主学习模式构想"，即学科教学的总体指导思想；二是构建了各个学科子模式，形成学科课堂教学模式群。"模式"课堂建构体现了重体验、重开放、重合作、重探究、重创新、重评价的"六重"理念。

"活力"课堂建构："师生"在课堂上表现出体力、情绪能量、认知灵活性三方面具有旺盛生命力的轻负担高效率的课堂。学生充分地进行自主探究、动手实践、合作交流，教师辅以知识的点拨、规律的引领、情感的启迪。课堂精心设计，目标多元；以学定教，

自主开放；少讲精练，活泼高效；生成智慧，人文关怀。

“生态”课堂建构：“生态课堂”以生命合作活动为宗旨，把讨论探究作为常规化的教学策略。基本流程包括接受任务、解决任务、生命拓展三个阶段，有利于学生个体、教师和学生、学生和学生、小组和小组以及知识生命的多元、多向互动和不同层次的提升。

由“模式”课堂向“活力”课堂转化需要经历“同课异构、快乐课堂、高效课堂”三个过程。

总之，通过“自主式”课堂教学模式三个阶段的研究，使课堂教学充满活力和个性特点，真正成为“全面实施素质教育，培养学生创新精神和实践能力”的渠道，真正成为打造“健康活力、手脑灵活、思想活跃、个性活泼”的时代优秀少年的平台。关注学生的生命价值体验，为学生拥有快乐童年、幸福人生奠定基础。

四、红旗小学：“自主开放式”教学模式

红旗小学“自主开放式”教学模式以“生本课堂”为宗旨，彰显“以学生为本，以学生健康成长进步为本，以学生终身发展为本”三个层次；凸显“自学探究、小组合作、全班汇报、主动质疑、引导解疑、获得结论”六个流程。

自学探究——体现“三个自己”：问题自己提出，探究自己经历，结论自己获得。学生通过读一读、议一议、做一做、想一想等自主学习方式，让学习成为自己的事情。

小组合作——以自主学习为本，组员合作交流，关注“六个善于”：任务善于分工，过程善于组织，发言善于倾听，问题善于协

助，优点善于欣赏，结果善于分享。教师有效指导，让学生自主中有合作，合作中有自主。

全班汇报——营造安全、自由的课堂氛围，全班展示交流。学生不惧怕老师的批评，不担心同伴的讥笑，随时随地感受着友爱与关切，从而徜徉在学习中，并乐此不疲。

主动质疑——给学生质疑问难的机会，真正激活其思维，调动其情感参与度，为培养其创新精神、提升教学效能提供保障。

引导解疑——教师在关键处点拨，在疑问处解答。让学生通过自主学习不能独立获得、通过小组合作学习不能有效解疑、通过动手操作不能有所顿悟的问题，在师生的思维碰撞中，豁然开朗。

获得结论——学生在良好学习习惯的指引下，在独立思维的启迪中，在与他人合作分享的碰撞中，在教师的有效点拨下，自己提出问题、探究问题、解决问题，自己获得结论，同时创新的动机和欲望也得到了激发。

“自主开放式”生本课堂关注学生，也关注教师：关注学生的知识掌握情况，关注学生是否学有所获，更关注学生的情感、态度、价值观；关注教师的教育教学行为，更关注教师是否同步成长和实现了自我的超越。

五、港西小学：“悦目赏心·主体驱动”教学模式

港西小学的“悦目赏心·主体驱动”教学模式，以主客体之间心情愉悦、意向统一、和谐融洽为出发点，以激发内驱力为前提，以小组合作为手段，以多元方式为支撑，以“驱动自学、合作研讨、交流展示、精彩点拨、梯度拓展”为媒介构成五大教学流程，

最大限度地调动学生的积极性与主动性，促进学生高品质发展。

驱动自学—— 课前导预、问题梳理、课堂导学、问题自清。课前导预即教师提出预习重点难点，让学生知晓预习方向；问题梳理是学生预习时梳理疑点，并自主有序罗列；课堂导学中教师巧妙找到教学切入点，师生进入学习状态；问题自清让学生明晰研究点，作好小组合作学习的充分准备。

合作研讨——问题共解、成果共享、互助共勉。学生在完成任务前互相勉励，自信共进；互助分工要结合特长，科学划分；小组成员遇到难题，要合力突破。

交流展示——成果汇报、组际扩充、生成探究。学生以小组为单位进行成果展示，组际补充，对尚未解决的问题，全班探究，对有争议的问题，再次切磋交流。如此，充分驱动师生群体动力，不断提升教学效能。

精讲点拨——发挥双主体效能，师生共成长。师生针对见解独到、表现优秀等激励评价，促进学生文思泉涌、新知生成，不断实现超越。

梯度拓展——层次性拓展训练。根据学生不同的接受水平，以教育学、心理学、脑科学为依据在课前5分钟进行好中差三个层次拓展训练，让每一个学生都成为最好的自己！

“悦目赏心·主体驱动”，让学生的学习习惯更良好、注意力更集中、自我表现更踊跃，让教学效能更优质。

六、春华小学：“三段五步式”教学模式

春华小学“三段五步式”教学模式的“三段”是指小学中高段

语文阅读教学的三个阶段，既可以是三个独立的课型，即预习课、汇报课、延伸课，也可以是根据教学内容缩减的两课时中的三大教学程序；“五步”是指三个阶段中师生五个步骤的活动，即提纲导学、自主预习、交流点拨、总结提升、拓展应用。

预习课重点体现“提纲导学”和“自主预习”；汇报课主要彰显“交流点拨”和“总结提升”；延伸课则强调的是“拓展应用”。

提纲导学。教师策划，学生参与，以“预习目标、预习要求、预习内容、预习检测”四大板块设计预习提纲，注重问题的整合，体现学法的指导，便于学生自主学习。

自主预习。以“四读”为主线进行自主预习。一读：初读（出声读，读准字音，读通句子）。二读：动笔读（默读，标注自然段，勾画带拼音的字、生字、不懂的字词，能查字典注音、解词，会批注主要内容）。三读：思考读（默读，思考提纲中的问题，思考读的过程中自己理解或者不理解的问题，批注体会）。四读：感情读（出声读，融入情感品读，积累好句佳句，并能熟读成诵）。

交流点拨。教师创设情境，以情激情；学生汇报收获，提出质疑；教师点拨，学生明理。教师能抓住教材组元训练点、文章语言与写法训练点来指导，让学生“课课有所得”。

总结提升。在预习、交流的基础上，学生自主总结梳理，从而进一步巩固知识，提高能力，升华情感。

拓展应用。学生交流搜集的资料，或说一说、写一写学习的感受，进行本课知识的检测，还可以开展排演课本剧等实践活动。

“三段五步式”教学模式，培养了学生的预习习惯，提升了学生的预习能力，发挥了教师的指导作用，完善了学生的自主学习，切实提高了课堂教学的时效性。

七、民和小学："五段式"教学模式

民和小学语文"五段式"主体性教学模式以"学生第一，确立主体"为宗旨，以"共同参与，突出主体"为前提，以"师生互动，发展主体"为方向，以"情境引入、反馈预习、自主品读、汇报交流、拓展提升"五个阶段为流程，让学生主体性与教学多元化巧妙融合，实现课堂教学的互动性与实效性。

情境引入。借助多媒体、图片、语言描绘，依托生活实例、故事等巧妙引路，激发学生主体能动性。

反馈预习。以"掌握字词，熟读课文，感知整体，把握结构，初品情感，搜集资料"为目标反馈自主预习效果，考查学生对新知识的理解和掌握程度，启发学生举一反三，保证学习过程的连贯性，培养学生主动预习的习惯，在教师的适时调控中，建立学生主体深入探讨的高度自信心。

自主品读。学生独立、批判性地揣摩感悟，把知识内化为素质；教师优化教学结构，把阅读的主动权交给学生，创设主动阅读的时间与空间，指导学生自觉、深层次、广泛地阅读，切实以读为本，以听、说、读、思、议、画、查、找、写等方式品读探究，让学生始终处于自主学习、主动发展的状态。

交流汇报。包括小组合作与集体汇报。小组合作是学生在个性品读的基础上相互交流、实现思维的智慧碰撞。集体汇报是展示小组交流中的成熟观点，允许求同存异，老师适时点拨，追求灵动生成。

拓展提升。可以让学生课外查阅资料，可以由师生推荐阅读书目，适度拓展，让学生巩固、提升习得的阅读方法或语言训练点，实现课文与名著、生活的链接，以此向学生渗透大语文观念。

“五段式”主体性教学模式，教师讲得少，学生乐于学，学生主体地位得到充分体现，学生自我表现机会增加，课堂气氛活跃，课堂更加开放，使“减负增效”、“培尖补差”成为现实。

八、董家沟小学：“三学一练”教学模式

董家沟小学语文“三学一练”教学模式中的“三学”指教学、导学、自学三个环节；“一练”指读写结合。该教学方式又称“四步三环式”教学法，操作流程如下。

启导定向，明示重点。开课伊始，师生共同确立学习任务和目标，明示重点，让学生在开课时就进入主体状态，明确学习方向。

依法导读，有序训练。本板块包括三个环节：以一为例，教学方法；小结规律，扶学其二；放手自学，反三迁移。这部分是课堂的核心环节，教师的依法导读重点在“法”，有序训练重点在“练”。

“教学、扶学、自学”三学环节体现了“教—扶—放”的过程，适合在内容构段构篇形式相同或相近的课文中适用，有举一反三，触类旁通之功。

系统总结，明理知法。这是课堂教学知识、能力、方法系统化的过程。教师引导学生总结发现，明白道理，掌握方法，升华情感。

读写结合，课外延伸。训练学生，运用写法，尝试练笔，形成能力。同时，鼓励学生，课外延伸，自选读本，广泛积累。

“三学一练”教学方式的核心是教为主导、学为主体、练为主线。课堂上，教师的导是一条辅助线，学生的学是一条主线。在教师“教与辅”的前提下学生才走上自主学习之路的。

“三学一练”教学模式改变了学生的学习方式，培养了学生的自主能力，激发了学生的创造性，促使教师主体向学生主体转移，教师的“教法”向学生的“学法”转移，从而让语文教学过程不断得到优化，学生的语文素养不断得到提高。教学实践表明：“三学一练”教学方式让课堂充满激情，让课堂鲜活灵动。

九、开发区第九中学：“六六课堂”教学模式

开发区第九中学“六六课堂”是“超越教育”的重要组成部分。“超越教育”是学生在教师的教育引导下，在不断地树立超越目标和实现超越目标的过程中，唤醒其超越意识，培养其超越能力，塑造其超越精神。在这一理念下，“六六课堂”教学模式强调创设超越情境、诱导学生超越、学生尝试超越、搭建超越平台、展示超越成果、多元评价超越。

创设超越情境。通过趣味问题、生活实例、有效评比、竞赛活动等创设超越情境，让学生在超越情境下主动学习。

诱导学生超越。通过教学目标、内容和问题的创设以及情感的熏染，调动学生学习的积极性和主动性，启发学生思维，帮助学生树立良好的心态，诱导学生进行超越。

学生尝试超越。学生积极地完成预习、思考、质疑、发言、做题、查阅学习资料等学习活动，全方位、多角度、多层次自主尝试超越。不同基础和特点的同学，从不同突破口介入，都要实现一定

的超越目标。

搭建超越平台。教师充分发挥现代教育信息技术的作用，充分发挥小组合作学习的作用，有效确定不同层次的学习目标和内容，启发引导，多形式为学生搭建超越平台。

展示超越成果。展示学习的过程、状态、情感，展示克服困难的方法，展示预习、思考、习题完成的成果。可以个人展示，也可以小组合作展示超越成果。

多元评价超越。教师及时激励评价，评价学生学习的情感、态度、学习过程、方法和个性发展，评价要体现在教学的不同环节，对于不同层次的学生把握不同的评价标准，学生间也要评价，多维评价实现超越。

超越教育的"六六课堂"教学模式，改变了教师教学思想、教学方式、方法和行为；改变了学生的学习方式、方法、课堂结构和学习行为；促进了学校工作的全面发展和教学质量的提升。

十、开发区第三中学："问题多维驱动"教学模式

开发区第三中学的"问题多维驱动"教学模式是指在数学教学中全程序、多维度贯穿问题，学生在"一题多问，一题多变，一题多解，多解归一"的过程中，在发现问题、提出问题和分析解决问题的过程中，历练思考（追问）、质疑（反思）、解释（理解）、应用（拓展）、创造（创新）等思维品质，不断形成积极主动的学习态度和正确价值观的自主学习过程。

数学"问题多维驱动"课堂教学操作模式由学案（自主学习）、交流（合作学习）、板演（规范习惯）、展示（纠错完善）、

小结（评价提升）五部分构成。

学案（自主学习）。教师下发学案，学生自主学习。学案体现“问题—目标—问题”的思维方式，并附带学习要求以及适当的习题配备。

交流（合作学习）。将班级分成6—8个异质小组，让学生问学生、学生引导学生、学生教学生、学生影响学生、学生评价学生、学生检查学生，解决自主学习中的疑难。同时，教师加入小组讨论，关注个体，恰当引导。

板演（规范习惯）。将本节课的内容划分若干部分（最好与小组数一致），然后抽签产生各组负责的内容，并在黑板上指定的区域内板书呈现。

展示（纠错完善）。小组抽签，组长科学分工，有效展示。无论哪个小组展示后，都要提出这样的问题：本部分的重点是什么？难点是什么？易错点是什么？还有问题吗？这些问题可由生问生答，教师给予点拨、引导并明示，以达到知识的完整性和系统性。

小结（评价提升）。引导学生对知识、思想方法进行总结提升，也可提出与教学内容相关的思考性问题，让学生回味无穷。

“问题多维驱动”教学模式，以学生为本，让学生会学，学生思维品质得到显著提高；让学生乐学，学生综合素养得到全面提升。

十一、开发区第五中学：“幸福课堂”教学模式

开发区第五中学在“幸福教育”这一教育理念下构建了“幸福课堂”教学模式，通过“美好回忆、幸福起航；快乐实践、触摸

幸福；愉悦互动、挑战自我；幸福回味、点滴收藏”四个阶段的教学过程得以实现。

“美好回忆、幸福起航”是幸福课堂教学的起始阶段。追求的是导入方式的多样化，通过创设情境，设置问题，激发学生的学习兴趣。在幸福课堂上，创设的情境应该是真实的，这样才能激发学生求知的欲望，顺利开展教学。

“快乐实践、触摸幸福”是幸福课堂教学的第二阶段。学生针对教师提出的问题尝试通过自主实践加以解决，从而获得成功的心理体验。幸福课堂不能只注重课内的幸福体验，教师还应该充分利用课外资源，让学生把这种幸福的体验、求知的欲望延伸到实际的应用。

“愉悦互动、挑战自我”是幸福课堂教学的第三阶段。学生在自学的基础上，利用小组合作的形式，将本课的教学重难点知识进行巩固加强和测验反馈，对于产生的共性问题，让全体学生参与解决。在幸福课堂上，教师要加强指导，给予学生合作讨论的时间和空间，使他们畅所欲言，各抒己见，沟通交流，明辨是非，以求得正确结论。

“幸福回味、点滴收藏”是幸福课堂教学的第四阶段。通过师生问答、学生综述、知识网络、知识竞赛等形式对所学新知识加以梳理，盘点本课的收获，引起学生丰富的想象，促使学生幸福指数的积累与提升，并与旧知识联系在一起，内化为学生的知识和良好情感的储备，有效地增强学生的学习兴趣，为以后的学习打好基础。在幸福课堂上，要求教师多用欣赏和鼓励的眼光，建立多元化的评价机制，让学生在教师的评价中体验被教育的幸福感，提高学生课堂的幸福指数。

无论是“心理学技术驱动课堂”、“问题多维驱动模式”，还是“开放式教学模式”、“自主开放式教学模式”、“五段式教学模式”等，各个学校对不同教学模式的探索都是金州新区所推进的“文化课堂”的重要组成部分。“文化课堂”以“彰显师生生命价值”为目标，坚持教师主导性、突出学生主体性、尊重学生差异性、激发学生创造性，以强化学生学习过程中的“思”与“练”为主线，通过科研引领、行政推进和学校自发探索等多种路径，借助专家指导、名师引路和课例创新三大平台，最终推进区域教育的内涵发展，实现每一个学生的健康成长。

第六章

校本课程多元化开发

在素质教育和新课程理念要求下，校本课程在学校教育中的地位与作用日益凸显。校本课程是国家课程和地方课程必要而有益的补充，是促进学生全面发展和个性发展的重要资源。校本课程建设也是学校特色文化的基本要素，是学校内涵发展的重要标志和有效途径。金州新区各学校在促进学生多元发展的校本课程开发理念的指导下，坚持以促进学生健康成长为指导思想，基于“面向全体、基本普及，明确重点、部分提高，尊重差异、个体发展”的开发理念，以学生多元需求为基础，坚持三级课程相互包容，隐性和显性课程相互促进，互为拓展、互为孕育的原则，充分挖掘和利用校内外优质教育资源，使得校本课程开发质量不断提高，校本课程体系日渐丰富。

第一节　校本课程开发的目标、原则与策略

一、校本课程开发的目标

金州新区校本课程的开发与实施，旨在充分发挥学生的优势智能，拓宽学生的视野，全面提高学生的科学素养与人文修养，促进学生的多元发展，为学生的终身学习和发展奠定基础；旨在提升教师的课程开发意识和能力，提升教师研究能力和创新能力，增长教师教育智慧，促进教师专业成长；旨在促进学校特色的形成，铸就学校之魂，推动学校国家课程和地方课程的实施和发展，构建促进师生全面发展的特色化校本课程体系。

二、校本课程开发的原则

金州新区在校本课程开发过程中，要求各学校在“促进每一个学生健康发展”理念的指导下，以学校办学理念为核心，立足学校师生实际情况，通过显性隐性结合、三级课程整合的方式，通过师生家庭共同构建，整体推进学校特色校本课程体系建设。

（一）立足师生实际

金州新区在校本课程建设过程中，不仅充分考虑学生的不同需要、兴趣与经验，尊重学生的自我选择，发展个性，开发潜能，培养能力，充分发挥校本课程的最大育人功能，让每一位学生的潜能都获得充分的发展，而且注重让每一个教师根据自己的特点发挥专业特长，最大限度地挖掘教师的潜能，形成与众不同的风格，最大

限度地发挥教师的主导作用。

（二）显性隐性结合

课程是学校的灵魂，显性课程与隐性课程是课程的两大支柱。学校环境建设和制度建设是学校文化建设的重要内容，而其实质是要将环境和制度赋予文化教育内涵，因此，环境文化和制度文化也是学校的隐性课程。在校本课程建设中，金州新区不仅充分放大显性课程的作用，而且最大程度发挥隐性课程的价值。通过自然生态景观、人类历史文化经典充实学校环境建设，通过民主和谐的管理机制营造学校制度建设，为学校环境建设和制度建设赋予文化意义和课程意义，促进学生健康快乐成长。

（三）三级课程整合

国家课程、地方课程和校本课程是基础教育课程的有机整体，拥有共同的培养目标，实现不同的课程价值，承担不同的任务，履行不同的责任，从不同的方面促进学生的发展。金州新区在校本课程开发过程中，在国家课程计划框架内，谋求与国家课程、地方课程的协调一致和均衡发展，使校本课程的内容无论从难度上，还是从选择与组织上都相互协调、相互平衡，成为相互联系、相互影响、相互转化的有机整体。

（四）师生家庭共建

校本课程的开发是一项理论性、实践性很强的工作，也是一个复杂、繁重的过程，要充分利用、整合校内外课程资源，实现教师、学生和家庭共同开发、共同构建。金州新区在校本课程开发过程中不仅充分发挥教师在课程开发中的主动性和创造性，而且充分尊重学生的需求，把蕴藏于学生中的生活经验、特长、爱好等转化为课程资源，让学生参与到校本课程开发中来。同时，充分利用家长资源，切实发挥家长在校本课程建设中的作用。

三、校本课程开发的策略

金州新区在校本开发过程中鼓励各学校融合校长、教师、家长、专家、教育行政部门等多方力量，通过补充、改造、整合、开发等手段，努力将学校特色、师生特长、学校科研成果、地方资源、家长专长和校园活动等转化为校本课程，有效地开发构建各个学校独具特色的校本课程体系。

（一）学校特色转化为校本课程

学校的传统与优势是特色学校的象征，是长期办学取得的成果。金州新区许多学校具有丰厚的办学底蕴，形成了鲜明的办学特色。这些学校在校本课程建设中根据学校的教育理念和办学宗旨，注重将学校的特色办学成果转化为校本课程，开发出了特色化的校本课程体系。

（二）师生特长转化为校本课程

校本课程开发的主体是教师，直接受益者是学生。金州新区在校本课程开发中，强调要充分发挥教师和学生的智慧潜能，将教师和学生的生活经验、专业特长、兴趣爱好等转化为校本课程。

（三）科研成果转化为校本课程

“科研兴教，科研兴校”是学校的办学追求，金州新区各学校非常重视教育科研工作，积极开展各级各类课题研究，取得了丰硕的研究成果。将学校教育教学改革研究课题成果转化为校本课程，是金州新区校本课程开发的重要途径之一。

（四）地域文化转化为校本课程

金州新区在校本课程开发中强调必须充分利用学校周边的课程

资源，从学生熟悉的地方景观、社区设施等学习生活环境以及民俗、风俗、名人等地方文化、人文环境中选取具有开发价值的素材，提炼出课程开发主题，形成具有浓郁地方特色的校本课程。同时，注重充分利用地方和社区资源，开展体验教育、实践活动、探究性学习，为金州新区校本课程的开发与实施创造了有利条件。

（五）家长资源转化为校本课程

学校和家长在教育过程中是密切合作的伙伴关系。学生家长来自于不同的行业，具有不同的特长，金州新区各学校在校本课程开发过程中邀请有专业特长、热爱教育、关心学校发展的家长参与到学校课程开发建设中来，依托家长资源开设校本课程，为学生多元发展搭设了更广阔的平台。

（六）校园活动转化为校本课程

多彩的校园活动是丰富的课程资源，金州新区倡导各学校“学校活动主题化，主题活动课程化”，将学校开展的校园活动进行系列化开发与目标化管理，努力开发出具有学校特色的校本课程。

第二节　多元化特色化校本课程体系

金州新区重视特色化校本课程的建设。金州新区教育文化体育局专门下发了《关于加强和规范校本课程开发与实施工作的指导意见》，就校本课程的开发目标、开发原则、课程内容、开发途径、实施与保障以及校本课程的开发与管理等进行了规定。各个学校积极开发适合自身特色的校本课程体系，目前一些学校已经积累和建构了深厚、独特、优质的特色校本课程，呈现出以下特点：一是地方色彩更加浓郁，如华家中心小学的粘贴画系列校本课程、实验小学的活力课堂校本课程体系；二是教育的开放性进一步扩大，如红梅小学具有国际视野的四大领域校本课程体系；三是与学生生活环境的结合更加紧密，如金石滩小学的“石文化”、“药文化”系列校本课程和滨海学校的海洋文化课程等；四是与学生的个性发展、特长发展相关性更高，如先进小学的体育类课程、金源小学和格林小学的科技类课程、城内小学和东山小学的艺术类课程、特殊教育学校的家政类课程等；五是与家长培训紧密相连，如松林小学和童牛岭小学的“家长大讲堂”活动课程、北京小学华润·海中国分校的家本课程等。

目前全区中小学校本课程涵盖了主题德育、学科拓展、传统文化、国际理解、阳光体育、艺术审美、科技普及、实践活动、心理健康等九大领域，有效地开阔了学生的视野，提高了校长、教师的课程意识和教育智慧，丰富了学校的教育功能，进一步促进了学校的特色发展。

一、主题德育课程：牢固时代价值观念

主题德育课程是学校有主题、有目的、有计划地组织学生开展主题道德学习活动的一种课程形式。其目的是在对学生进行思想政治观点、基本道德、基础文明行为教育，培养良好的思想品德和个性心理品质基础上，着重将社会主义核心价值观教育融入学校教育全过程，努力构建具有金州新区特色的主题德育校本课程。

金州新区在德育校本课程实施过程中，坚持德育活动主题化、主题活动课程化的实施策略，全区组织开展了以“爱国主义”、“公民意识”、“良好习惯”、“民族精神”为主要内容的演讲比赛、

经典诵读、专题征文和家庭教育等主题活动，将促进学生道德发展的主题活动融入学校的校本课程体系建设中，对学生进行思想、道德、法制和心理品德等德育教育，提高学校德育工作的针对性和实效性。

开发区第三中学把德育工作的着力点放在感恩文化的构建与培育上，利用升旗仪式、开学与毕业典礼等传统仪式，对学生进行感恩教育；召开感恩班会深化学生对感恩的认识；借助讲感恩故事加深学生对感恩教育的理解；引导学生在写作和分析感恩文章中强化感恩体验；开展经典诵读、文艺汇演等活动来升华感恩情感。此外，得胜小学的“毕业典礼”教育、实验小学的快乐主题德育课程、开发区五中的“幸福教育”课程、开发区九中的“超越行动德育”课程、童牛岭小学的“和乐德育”课程、城内小学的“和谐德育”课程和118中学的“习惯培养”德育课程体系建设效果明显。

二、传统文化课程：守望中华民族精神

传统文化课程是对学生进行中华民族优秀传统文化教育的启蒙课程。其目的是使学生感受中国古老文明的魅力，了解科学知识和社会文明的内在联系，感知社会文化对社会进步的影响和作用，传承和弘扬优秀的传统文化和民族精神，成为具有传统文化根基的现代公民。

金州新区在实施传统文化课程的过程中，鼓励学校编写“传统经典”教材、举办学习交流论坛、创建“亲近经典”网页等搭建良好的传统文化学习平台，通过“经典诵读”、“名篇赏析”、“知

识竞赛”、“书画比赛”、“传统文化考察”、“传统节日体验”等活动对学生进行国学经典、名著鉴赏、社交礼仪等内容的教育。

金州第二幼儿园在园本课程开发过程中，确立了“以幼儿发展为本，以游戏为载体，以古城民间文化为资源”的指导思想，遵循“古为今用、去其糟粕、取其精华”的原则，从民间文学、民间游戏、民间音乐和民间美术四个维度，深入挖掘民间艺术教育内容，注重开发与生成民间教育课程，开发了“民族村”、“我是小龙人”等“让民俗文化根植童心”的系列校本课程。另外，开发区七中和新城小学的“国学诵读”课程、德胜小学的“乡土文化”课程、红旗小学的“弘扬国学经典”课程、开发区三中的“传统节日”课程、春华小学的“中华阅读经典”系列校本课程等也逐渐走进了学生的学习生活。

三、国际理解课程：开阔多元文化视野

国际理解校本课程是以“国际理解”为教育理念而开展的教育课程。其目的是使学生了解不同国家的文化和风俗习惯，学会接纳、关心和尊重不同的文化形态和各民族的风俗习惯，提高学生运用国际交流语言的能力，使其具备全球视野和国际交往等方面的能力，培养学生的国际视野与中国意识，为促进世界和平和可持续发展作出贡献。

金州新区在实施国际理解教育课程的过程中，要求各学校通过加强和改革外语教学、开展丰富多彩的主题教育活动、开展旨在增强学生对中外文化差异性体验的对外交流活动、建设具有国际理解特色的校园文化及创设国际理解课程等形式，对学生进行现代礼仪

文化、实用世界知识、国内外时事政治等方面的教育。

开发区四中与英特尔公司共同开发了“外籍老师进课堂”、“团队协作”、“地球村”、“英特尔志愿者”等系列主题校本课程，通过“快乐学英语”、“保护环境”、“安全知识伴我行”、“信息技术e计划”、“教师培训与专业化发展”、“走进英特尔实践活动”等六大载体实施跨文化校本课程，形成了以多元文化为课程背景，以课堂和活动为载体，以志愿服务为课程外延的课程体系。另外，开发区七中的多元文化分享课程、红星海学校的国际课程、金源小学的国际交流课程、港西小学的国际视野课程、开发区一中的国际交流类课程等逐渐成为学校的特色和亮点。

四、艺术欣赏课程：陶冶高雅审美情操

艺术欣赏校本课程是以音乐、舞蹈、美术、书法为基础的课程。其目的是使学生了解音乐、美术等艺术中所蕴含的丰富文化和历史内涵，积累视觉、听觉和动手操作经验，发展学生对艺术的兴趣和爱好，进一步弘扬民族传统艺术，陶冶学生情操。

金州新区在艺术欣赏校本课程实施过程中，以器乐、声乐、民乐、舞蹈、书法等特色教育为突破口，各学校通过专题讲座、写生、版画、作品展览、精品欣赏、美术设计、古玩鉴赏等方式，通过专项练习、汇报演出、各类比赛等途径对学生进行艺术欣赏方面的熏陶和培养。

港西小学的大课间活动课程集音乐、广播操、书法、中国武术、五大民族舞蹈、队列等于一身，体现了体育与民族文化艺术、现代艺术的完美结合，展示了师生的精神风貌，曾获得“辽宁省第

一操”的美誉，充分展现了学校的办学特色。另外，育才小学、爱民小学、北京小学华润·海中国分校的京剧剪纸课程、开发区八中和121中学的美术课程、108中学的音乐课程、101中学的合唱课程、五一路小学的器乐课程、董家沟小学的鼓乐课程、红梅小学的围棋课程、高城山小学的艺术技艺课程、翠竹幼儿园的音乐游戏课程、新桥艺术幼儿园的美术课程等均成为学校的亮点和特色。

五、科技普及课程：涵养理性创新品质

科技普及校本课程是开展青少年科学技术教育的课程。其目的是使学生掌握科技创新的基本理论、研究方法和分析工具，培养学生的好奇心、想象力、观察力、动手能力和创造能力，提高全体学生的科学素养。

金州新区在科技普及校本课程实施过程中，各学校健全科技工作组织机构，围绕科普知识、科学家成长故事、科技小实验、科技发明等科技普及内容，通过学生社团、科技展演、课外兴趣小组、科技竞赛、举办科技节、科技专题讲座等形式开展丰富多彩的科技活动，进一步扩大学生的参与面。

格林小学开设了科学实验、七巧板、科幻画、科技制作、科普知识讲座等近20个校本课程，组织开展了丰富多彩的科技校本活动。通过定期举办科技运动会、开展科幻画、科普知识竞赛、科技小实验、办科普报、观看科普影视、头脑奥林匹克竞赛、陆海空及建筑模型竞赛、七巧板拼图、机器人、超级结构、小车爬坡、四驱车电子拼装、国际数棋、牛象棋、纸飞机等系列活动，提高了学生的科技素养以及创新能力，形成了鲜明的科技特色。目前，金州新

区的学校出现了越来越多的科技教育亮点，如开发区一中科技创新课程、实验小学科普与科技课程、高城山小学科技活动课程……这些课程的有效实施，使得一些学生的作品在参加国内外举办的各种科技创新比赛取得了优秀的成绩，并多次在各种竞赛中折桂。

六、实践活动课程：增强问题解决能力

实践活动校本课程是指在教师的指导下，由学生自主进行的综合性学习实践活动课程。其目的是引导学生在实践学习中获得积极体验和丰富经验，形成对自然、社会和自我之内在联系的整体认识；体验并学会解决问题的科学方法，具有问题意识，发展良好的科学态度、创新精神和实践能力。

金州新区实践活动校本课程在实施过程中，各学校注重引导学生开展调查研究与访问、实验研究与观察、社会参与与服务、信息收集与处理等多种实践学习活动，体验了学习方式的多样性，初步学会了实践学习的方法。

华家街道中心小学立足农村实际，围绕农村特点，开展了富有农村特色的实践活动课程。该校的粘贴类课程，利用农村常见物如玉米皮、豆类等进行创造；拓印类课程利用树叶形态各异的优美外形和叶脉自然美妙的机理进行树叶拓印画创作；喷绘类课程将家庭用完的牙刷或梳子进行喷绘再利用；布艺类课程利用碎布辍百家布，通过剪、绘、缝等加工各式各样的手工艺品。此外，如红梅小学的社会联动课程、登沙河小学的“小记者采风活动”课程、松林小学的校本活动课程、东居小学的综合实践活动课程、滨海学校的“海洋工艺美术制作”校本课程、开发区三中的“感恩教育志愿者

活动”课程等均有效地锻炼了学生的综合实践能力。

七、心理健康课程：塑造完美个性人格

心理健康校本课程是根据中小学生生理、心理发展特点，运用有关心理教育方法和手段，培养学生良好的心理素质，促进学生身心和谐发展和素质全面提高的课程。其目的是提高全体学生的心理素质，充分开发他们的潜能，培养学生乐观向上的心理品质，促进学生人格的健全发展。

金州新区在心理健康校本课程实施中，注重在学科教学、各项教育活动、班主任工作中全面渗透心理健康教育内容，同时通过心理健康教育课、专题讲座与培训、个体和团体辅导以及心理剧等形式对学生继续渗透心理健康教育。

开发区第十中学在“以心育心”教育理念的指引下，以心理教育硬化德育、优化智育，以促进学校特色发展为目标，通过个体咨询与团体辅导、心理剧、心理网站、心理瑜伽、专题辅导、心理社团和学科渗透等形式，着力构建心理教育技术化校本课程，打造有效教学高效课堂，提升教育教学质量，实现学校优质特色发展，取得了卓越的成绩，引起了教育界的极大关注。金州区职教中心、职业中专、大连市模特学校、开发区第十三中学、大连市 109 中学、东居小学、董家沟小学、新华小学等学校的心理健康教育校本课程也都取得了良好的实践效果。

八、阳光体育课程：促进生命健康成长

阳光体育校本课程是体育与健康学习领域的拓展课程。其目的

是促进学生积极参加体育锻炼，养成终身锻炼的习惯，培养良好的合作与竞争意识，提高自我保健能力和体质健康水平。

金州新区在阳光体育校本课程实施过程中，各校坚持“两操”活动，实行“大课间”的体育活动课制度，深入开展“阳光体育”活动，确保学生每天锻炼一小时；鼓励各学校开展丰富多彩的体育竞赛、体育健康节等活动，创建学生体育特色社团、业余体育运动队等，扎实有效地推进学校的体育工作。

民和小学从学校98.6%的外来务工子女的实际出发，充分发挥现有教师和场地优势，以自制体育器材为先导，以更新改造体育器材为重点，以广泛吸引学生参与体育锻炼为手段，以培养学生“自主健体”的习惯为突破口，以提高全体学生体质为目的，使得阳光体育校本课程成为学校特色的一道亮丽风景线。另外，开发区一中的男篮、金州高中的女足、民和小学、金源小学和董家沟小学的足球、大连市108中学和101中心的田径、开发区第三中学的大自然快乐操、109中学的健美操等在省市区各级体育赛事中也取得了不俗成绩，培养了大批体育专业人才。

第三节　校本课程实践典型案例

金州新区各学校在校本课程开发与实践的过程中，在促进学生多元发展的校本课程开发理念指导下，以构建促进师生全面发展的特色化校本课程体系为目标，立足师生实际，坚持显性隐性结合、三级课程共建、师生家长共建的原则，构建了涵盖主题德育、学科拓展、传统文化、国际理解、阳光体育、艺术审美、科技普及、实践活动、心理健康等九大领域的区域校本课程体系，每个学校都在不断探索适合学校特点的特色化校本课程，一些学校已经积累和建构起深厚、独特、优质的特色校本课程。

一、红星海学校："多维课程整合"理念下的校本课程

红星海学校按照"为成就卓越公民而奠基"的办学宗旨，以国家课程为核心，以地方、校本课程为两翼，以国际课程为拓展，紧紧围绕"本根教育、和谐教育、时空生命教育"三位一体的素质教育体系来构建多维课程体系。

（一）依托本根教育，注重传统文化熏陶

围绕"根的素养"，学校开发了系列校本课程，如"情系中国传统节日"、"国学新说"（小学组）、"国学堂"（中学组）、"茶艺"、"中华烹饪"、"中国结"、"中华刺绣"、"书法"、"红楼梦研究"、"古诗文赏析"、"红星海学校必唱歌曲"等，处处凸显"孝、诚、智、雅"的校风，彰显"用民族的心牵世界的手"的价值追求，为学生牢牢地扎下了中国传统文化之"根"。

（二）涵育和谐教育，强调中西方文化交融

结合校园文化建设开发校本课程。校园正门的中西方古今圣贤大型群雕、校园内各个领域中外名人的雕塑、世界文化长廊、咖啡屋等，体现了学校所倡导的中西文化、多元文化的和谐共生，成为体现和谐教育这一理念的重要载体。

结合丰富的特色活动开发校本课程。学校以庆六一国际儿童节为契机，开发了以"世界一家"为主题的校本课程。小学部 12 个教学班与社会各界针对不同的 12 个国家的经济、文化、艺术、体育、饮食等，结合国家课程资源，深入探究挖掘和展示分享，不出

国即完成了一次“十二国之旅”，用艺术的形式诠释了别具风趣的异国情调，增强了学生多元文化理解力，开启了智慧的大门。

结合学科教学拓展校本课程。结合英语课的教学及国际课程的开设，学校开发了系列拓展类校本课程，如“英语故事”、“英语电影配音”、“莎士比亚小屋”、“英语口语”、“美语口语”、“大使社团”等，通过课程让学生了解西方文化，从而进一步促进了中西文化的交融。

（三）承载时空生命教育，规划生命成长轨迹

以文化广场为平台开发校本课程。贯通校园南北的自然科学、人文科学两大文化广场与三大将帅语林碑，融合了多种体现时空生命的文化符号，同时与文化广场相结合而设置的航空航天、海洋生物、IT、发动机引擎、数控探究等特色课程探究室，为时空生命教育校本课程提供了平台与载体。

以艺体科目为纽带开发校本课程。学校开发了女子舞蹈、男子舞蹈、管乐合奏、打击乐、陶艺、轧染、版画、轮滑、击剑、网球、羽毛球、桥牌、大自然快乐操、太极柔力球、机器人、航模车模、水火箭等校本课程，成立了童声合唱团和中学合唱团、成为了促进学生时空生命教育的有效途径。

二、红梅小学：“中国灵魂，世界公民”育人目标下的校本课程

红梅小学立足于课程建设，致力于内涵式发展，为了实现“中国灵魂，世界公民”的育人目标，精心构建了多元文化课程、国际理解课程、领袖潜质课程和社会联动课程等“四位一体”的校本课程架构。这四类课程互相支撑，相互融合，在兼容互动中达成“中

国灵魂，世界公民”的课程育人目标。

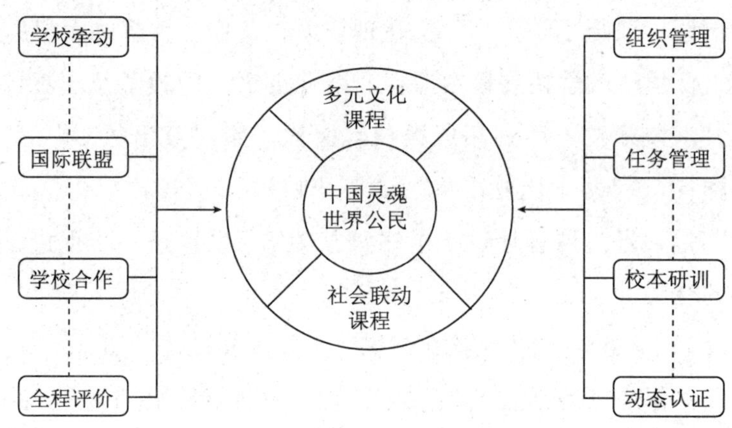

图6－1 红梅小学校本课程体系

（一）多元文化课程：关注传统，侧重多元的课程造就视野宽广的学生

学校的校本课程关注“传统”和“多元”，建立了包括语言、人文、科学、艺术、体育、社会六大课程体系的“课程超市”，共计48门课程，让学生有充分的课程选择权。目前，学校已开设了国画、陶艺、古琴、围棋、茶道、国学经典诵读、中国民俗文化等一系列的传统文化类校本课程，同时也开设了跆拳道、国际象棋、国际跳棋、棒球、网球、世界漫步等异域文化类课程。多元文化校本课程的成果在每年的多元文化艺术节上进行集中展示，学生可以通过学校提供的活动菜单，自主选择，自由组合，共同参与。

（二）国际理解课程：促进师生在交流中建构并完善中西融合的多元文化观念

区域教育国际化是教育发展的必然趋势。在国际理解课程的实施上，学校主要采取以下四个方面的途径：一是强化英语教学，实施分层教学、差异推进，即根据学生的具体学习能力差异，实行英语教学“走班制”；二是开设日语、韩语两门语言的第二外语教学；三是通过“国际文化月”培养学生的国际礼仪、全球观念、全球视野，形成融合全球知识和全球技能的全球行为和全球价值观；四是加强国际文化与交流，目前学校已经与日本、美国、新加坡等多个国家建立了合作办学关系，通过友好互访、师生交流等多种形式，开展国际教育合作。

（三）领袖潜质课程：“三个一”活动，培养学生领袖潜质

学校通过学生讲坛、学生社团、班级义工站等活动培养学生的领袖潜质——坚守自信、乐观向上、善于合作、勇于担当。

学生讲坛。这一活动分班级和学校两个层面展开，都由学生担任主讲。班级讲坛每天一次，由学生轮流登台，学校讲坛的主讲人则由班级推选产生。

学生社团。目前学校成立了围棋俱乐部、乒乓球俱乐部、快乐陶艺吧、科技俱乐部、轮滑俱乐部、冰球俱乐部、“童乐汇”、韩端足球俱乐部等十余个学生社团。

班级义工站。学校的读书会、专题展、接待参观等都由义工站自由申报，通过竞标方式产生，一旦承担，就要负责到底，并且进行考核。班级义工站鼓励学生自主管理，培养学生的合作精神和责任意识，这些都是国际化人才的核心要素。

（四）社会联动课程：构建社会、家庭、学校一体化的教育格局。

红梅小学的社会联动课程体现了“四个结合”：

和研究性学习相结合，组织指导学生选择社会、文化等主题开展研究性学习；

和家庭资源相结合，成立“家长志愿者”队伍，开展“家长大讲堂”活动；

和地方资源相结合，开展传统文化进校园活动，形成地方课程的文化特色，培养学生的民族情怀；

和社会资源相结合，开展“社会大课堂”活动，通过社会大课堂建设最大限度地发挥区域资源优势，为大教育、大课程、大资源理念提供资源平台。

多样性的课程以及多样化的教学方法、独特的评价方式，确保了红梅小学“中国灵魂，世界公民”育人目标的落实。

三、实验小学：“我参与，我快乐”的七彩校本课程

实验小学立足于“让每一个学生健康成长”的办学宗旨，遵循“彰显师生生命活力的自主教育”这一办学思想，在培养健康活力、个性活泼、思维活跃、手脑灵活的“四活”少年目标的引领下，构建了“赤橙黄绿青蓝紫”的七彩校本课程体系。遵循校本课程社团化、社团课程系列化、系列课程特色化、特色课程成果化的实施思路，推选学生授课，引进家长参与校本课程的开发与建设。

以“激扬生命活力，体味运动魅力”为宗旨，开发了旋风田径、阳光篮球、绿荫足球、爱运动跆拳道、步步为赢围棋等社团课程，抒发“我参与、我快乐”的激情，均衡发展学生的力量、速度、耐力、协调、柔韧等身体素质，培养顽强进取、敢于拼搏的精神和全局意识、合作意识等品质。

（一）“我型我绘”的橙色语言系列课程

以“放眼世界文化、欣赏文学经典、彰显明朗个性”为宗旨，开发了博雅轩文学欣赏与创作、快乐语林朗诵与主持、丑小鸭课本剧、新起点英语口语、音画天地配音、樱花日语入门等 12 个社团

课程。通过读、背、讲、演、赏、悟等情境学习，让学生感受语言魅力，吸取语言精华；通过搭建艺术节、“我型我绘”等自由展示的平台，让学生用语言传递真情，放飞希望，为培养具有多元文化根基的复合型人才奠定坚实的基础。

（二）“通史观天下”的黄色历史与时事系列课程

以“夯实寻根之旅，叩问时代之声，争做担当之人”为宗旨，开发了历史与时事两个社团课程。融合不同时期的中国历史文化，集家事、国事、天下事于一体，通过参观、讲座、欣赏影片、查阅资料、出国考察等渠道，让学生学习用观察、比较、分析、综合等方法剖析历史人物与事件，剖析当代热点话题，借鉴历史与时事中的得失，放眼天下事，增长智慧，增强和平意识，开阔国际视野。

（三）“大眼看天下”的绿色科普与科技系列课程

以“用科普润泽生命，用科技点燃激情”为宗旨，通过七巧板、航模制作等活动课程，依托科普节，凭借家长和社会力量来提高学生的动手能力和科技素质，使学生像科普吉祥物“瞳瞳”一样，睁大眼睛看世界，培养创造力，张扬活力，让科学为生活带来生机与健康。

（四）“百变万花筒”青色计算机系列课程

以“依托网络、遨游世界、创生智慧”为宗旨，开发了星光传媒电子编辑、造梦空间电子报刊、Flash 动漫天下动画制作等社团课程。让学生在自主尝试、不断实践的过程中，探寻“百变万花筒”中的智慧，培养沉稳、坚强的个性，体会计算机操作的乐趣，为培养现代公民奠定基础。

（五）“梦工厂”蓝色艺术系列课程

以“在梦幻的艺术海洋中制造梦幻，追求艺术的永恒与和谐美”为宗旨，开发了七色光合唱、孔雀灵少儿舞、小天鹅芭蕾舞、雅韵琴筝、彩笔头儿童画、塑造梦想素描、雅风苑软笔书法、儒士斋硬笔书法等12个社团课程。将中外的歌唱、舞蹈、美术、书法等艺术精粹化作课程资源，带领学生徜徉于艺术的海洋中，传承中外的艺术文化，培养高尚的艺术修养和审美情趣，为他们的快乐童年和幸福人生奠基。

（六）“神州龙，遨天下”紫色中西方文化系列

以“树立国际化理念，开阔国际视野，打造创新型人才”为宗旨，开发了世界任我行域外文化、中华韵味和龙图腾中国文化等三个社团课程。化作神州龙，了解中国饮食、茶道、服装、民俗等传统文化艺术的高雅与神秘，感受国外风景名胜、风土人情中的灵性与魅力。通过资料收集、交流、访谈、国外修学等学习方式，提高学生对祖国文化的认同感，激发其对祖国文化的热爱之情，为使学生成为通晓国际规则的国际化人才奠定基础。

四、东山小学：“品质教育”校本课程

东山小学以学生的兴趣和成长需要为基点，以教师的专业特长为起点，立足学校办学现状和未来发展规划，践行学校“六年生活，一生品质”的办学宗旨，发展学生的个性特长，开发和实施了重在学生道德品质培养和提高学生人文素养的多元、自主、人文的“品质教育”校本课程体系。

学校把校本课程分成三个部分：必修课，全校学生通用的经典诵读课，保证课程开发和教材编写的经济性和教学的衔接度；选修课，满足学生的个性特长，给予学生选择空间和自由；活动课，针

对学生特点，着力构建以社团为主体的活动，让学生在活动中开发课程，实现学生建设课程和实施课程的权利，成为课程的主人。

（一）人文经典诵读课程

学校把经典诵读课作为1—6年级学生的必修课。学校诵读教材学生人手一本，从普通话语音规范、播音员用气发声基本功训练开始，以短小精悍、朗朗上口的儿童诗歌、小散文作为基本的朗诵内容，使学生掌握朗诵的技巧和方法，规范、扎实、有序地对学生进行朗诵的训练与指导。

（二）学生社团活动课程

学校把学生社团活动作为校本课程来建设。学生根据道德品质培养目标“知爱、知责、知信、知礼、知孝、知韧、知俭”，根据自己的兴趣爱好，自发成立了多个社团组织。

（三）一景一品的环境课程

如果说以上两门特色课程是显性课程，那么一景一品的东山十景就是“品质课程”的隐性课程。惜时钟、东山树、东山水、东山石、心语廊、美德柱……每一景都在诉说自己蕴含的文化和品质。

五、松林小学：“四位一体”的多元文化校本课程

松林小学在双语教育、多元文化教育的基础上，构建设计了“学科拓展课程、校本活动课程、社区文化课程、环境文化课程”四位一体的多元文化校本课程体系。

（一）学科拓展课程

学校自主开发了中西文化类课程，编写了多元文化校本课程教材，有计划、有序列地介绍多元文化，通过“小学生眼中的英日韩

学生生活”、“中国结”、“春联文化”等课程的实施，加深了学生对多元文化的认识和了解。

（二）校本活动课程

校本活动课程是主题类综合实践活动类课程。通过开展“国学大讲堂”、“世界日讲坛”、“域外网络主题交流”、“多元文化艺术节”、“松林之最”和“体验教育”等内容丰富、形式多样的实践活动，提高学生的多元文化素养。

（三）社区文化课程

社区文化课程是以社区优质资源重组为内容实施的课程。通过挖掘社区中来自不同国家、不同种族以及民族人群优质的多元文化教育资源，通过开设“趣味生命科学”、“日本儿童教育启迪”、“记忆的科学”、“陶艺”、“围棋”、“皮影”、“剪纸”等课程为学生多元文化素养的培养提供校外基地，同时发挥学校多元文化教育的辐射作用，加速社区居民融入国际化城区的进程。

（四）环境文化课程

环境文化课程是基于多元文化环境的隐性课程。通过学校文化环境的建设，让学生在潜移默化中受到多元文化的熏陶。

六、金源小学：“七色阳光·七彩人生”生命成长系列校本课程

金源小学为了让学校的教育工作如同“赤、橙、黄、绿、青、蓝、紫”七色光一样，让孩子品味生活的美好、人生的绝妙，通过“七色阳光·七彩人生”生命成长校本课程的开发与实践，力图用“七色阳光”架起一座彩虹桥，让学生与天共比高，用“七色之光”编织学生童年彩色缤纷的梦，让学生实现自我超越不再是梦想！

（一）“赤色之光”课程——让德育凸现光彩

学校的“赤色之光”课程以“播撒仁爱的赤色之光”、“民族精神的赤色之光”、“内化品质的赤色之光”、“升华人生的赤色之光”为内容，完善学校德育教育，让其孕育儿童的成长，滋润儿童的心灵，奠基儿童的未来。

学校以“习惯礼仪课程”为主线，以“队伍建设课程”为关键，以“综合体验课程”为桥梁，以“学校、社会、家庭校内外三结合课程”为支撑，让赤色之光照亮学生的心灵之窗。

（二）“橙色之光”课程 —— 让智育流光溢彩

学校构建“橙色之光”课程，旨在打造一道能激发学生智慧潜能、让学生体验成长喜悦的幸福航道，让学生在温暖的橙色中迈向崭新的生命高度。“橙色之光”课程让教师和学生在温馨的橙色光芒中品味优雅的滋味，以读书课程、习作课程、奥数课程、小翻译家课程、小导游课程、诗文课程等六大课程为体系，弹奏着金源小学生命成长计划中最富动感的旋律。

（三）“黄色之光”课程 —— 让交流多元绚彩

立足本土，面向世界，构建“黄色之光”课程，推进多元化的国际交流与合作，让学生拥有国际素质和全球视野，是学校“黄色之光”课程的核心与目标。

学校以“中英青年领导力”、“中英小学生健康饮食与体育锻炼”、“中英儿童绘画心理的研究”、“中英小学科学技术与手工制作”、“中新音乐课堂研究”等双向课题研究为载体，以英国北林肯郡密森汉姆小学、新加坡胜宝旺小学两所友好校互动为平台，以中英教师、中新教师异国授课为突破口，以多元文化节展示为舞台，培养学生的国际理解，塑造学生的国际观，形成学生的世界观，为培养具有多元文化根基的复合型人才奠定坚实的根基。

（四）“绿色之光”课程——让体育丰富多彩

学校以“绿色之光”课程为依托，让学生享受阳光的和煦、绿茵的灵动，让学校处处呈现如花的笑颜，让赛场处处奔跑青春的身影。快乐之绿，是金源小学生命成长计划中又一道耀眼的色彩。

学校以轮滑社团、足球社团、排球社团三大社团为依托，以英国谢菲连足球队、大连阿尔滨足球队培训基地为动力，以千人足球操、千人太极操为支点，以每年一次的“绿色体育节”为舞台，让学生在活动中感受体育的魅力，掀起“绿色运动”热潮，让“强身健体，幸福一辈子”不再是空谈！

（五）“青色之光”课程——让成长永久焕彩

学校创办“青色之光”课程，让教师的专业成长如同一缕青色之光，宁静悠远，成为学生生命成长的智慧源泉。“青色之光”是金源小学生命成长计划中一缕实现理想之光。

学校以读书工程、反思工程、讲坛工程、减负工程四大工程为体系，提升师生的生命质量，铸就师生生命成长的基点。

（六）“蓝色之光”课程——让科技灵动精彩

学校的“蓝色之光”课程就如同蓝色之光在浩瀚的夜空射来的一道激光，穿越宇宙边际，引领学生探索奥妙的科学世界。

学校通过开展科普课程、展现科普天地、开辟科学专栏，让学生的小论文、小报告、科幻画、科技小发明作品都有表达的平台，营造科学氛围；建立总面积达300多平方米的“阳台植物园”，让学生自己种西红柿、养花、养蚕，栽培葡萄、樱桃，采集制作植物叶、花、果的标本，学会植物的简单嫁接，零距离了解动植物的生长过程，真切感知生命的意义，金源小学的“蓝色之光”课程的熏染日益彰显！

（七）“紫色之光”课程—— 让美育绽放华彩

学校构建“紫色之光”课程，重点是要培养学生典雅、高贵的气质和内涵，激发其遐想，启迪其智慧，激活其表现欲望和创造激情。

学校以“紫色之光”课程为切入点，以民乐课程、陶艺课程、舞蹈课程、声乐课程、京剧课程、国画课程为主线，让学校的美育日趋完美。

七、开发区七中：“时空生命教育”系列校本课程

开发区第七中学坚持“追求卓越教育，成就幸福人生”的办学宗旨，构建了“本根教育、和谐教育、时空生命教育”多维特色校本课程，其时空生命教育课程系列带领学生穿越时空隧道，在古人与今人之间（人与人之间），在地球（人与地球）与宇宙（人与宇宙）之间，深化人生感悟，开发生命潜能，规划成长轨迹，引导学生放眼未来，多元开放，追求卓越。

（一）“七歌”

学校以“用音乐濡化学生的心灵，用歌声唱出向上一向善一向真的情怀”为宗旨，开发了国歌、校歌、班歌、军歌、戏曲、诗歌和英文歌曲等“七歌”校本课程，是由音乐、语文、英语等多门必修课程整合开发出来的特色必修课程。92 首古诗词吟唱，乐与诗的完美结合，让学生在感受诗词韵味的同时，提高了音乐鉴赏力和美感领悟力；戏曲和英文歌曲的演唱，让学生在文化的交融与碰撞中，在感受西方艺术冲击的同时，充分体验我国传统艺术的底蕴和

内涵；国歌、校歌、班歌、军歌的传唱，也凝结了学生爱国、爱校、爱班的情感。

（二）阳光体育运动大课程

学校以“奏响”健美、强身、团队“的主旋律，共享生命快乐与健康”为宗旨，为了达到“以体促智、以体辅德、以体育美、以体育乐”的目标，开发了《阳光体育运动大课程》。将大课间操、学校体育运动会、各类体育运动培训与比赛（足球、篮球、排球、轮滑、田径等）纳入课程开发的内容。

（三）卓越大讲堂

学校以“与专家面对面关注”昨天—今天—明天，“促进人格全面发展”为目标，开发了涉猎科学前沿、时事风云与未来发展等具有“以‘文’见长、以‘博’著称、以‘杂’立身”特点的“卓越大讲堂”校本课程。“心理咨询与健康”、“野外生存”、“未来职业与人生”等大型的专题报告积淀了学生的文化底蕴，开阔了学生的思维，促进了学生的人格成长。

（四）海内外综合社会实践活动与研究性学习

学校以“走进社区，步入社会，迈出国门，全面发展综合实践能力”为宗旨，开发了假期学校、国内外综合社会实践活动与研究性学习等校本课程。每年的寒暑假，学校开咱以地理、历史、生物、政治、历史、音体、美术、信息技术等为主题的课题研究活动课程，引领全体学生走进社区，开展对身边的自然环境与人类活动的调查与研究。“走进孔子故乡——曲阜”、“中原古都——洛阳”、“新加坡双语演唱会”、“舞在维也纳”等国内的综合社会实践活动与研究性学习让学生有了更多的机会去体味中华千年文化。

八、得胜小学："传统文化"系列校本课程

得胜小学选取国学经典、中华传统节日、"根"文化、乡土文化作为学校校本课程开发的领域，构建了基于传统文化背景的校本课程体系，打造出了学校校本课程特色，使孩子们在传统文化的滋养中，形成良好的道德行为规范，成为具有传统文化根基的现代儿童。

（一）国学经典课程

学校选取《弟子规》作为全校学生必修的校本课程，用以规范学生的行为，各年级学生则根据学生的年龄特点和班级的实际情况选修部分国学经典课程。

得胜小学的必修校本课程"冯老师细讲弟子规"已成为当地小有名气的品牌课程，这一课程由特定老师分阶段、分年级进行讲解，讲解中把一些真实的事例与学生的生活实际紧密联系，不仅使学生达到熟能成诵的程度，同时也利用《弟子规》来规范学生的行为和语言。

（二）传统节日课程

学校把"魅力中国节"系列传统节日课程纳入学校校本课程之中，将活动课程化，课程节日化，打破时空界限，给学生一个完满的课程体验。

春节至元宵节期间，学校开展了"过中国年"课程，让学生用心去体验春节浓浓的"中国味"；清明节，学校开展"祭祀先祖，缅怀先烈"课程，指导学生了解清明节的由来和传统祭祀活动。还通过端午节中的包粽子、做五彩线活动，中秋节的赏月赛诗会、重

阳节的“孝敬父母一日行动”和孔子诞辰日的“读千古经典，与圣贤为伍”古诗文吟诵会等活动课程进行传统节假日教育。

（三）“根”文化课程

在“做堂堂正正中国人，端端正正写中国字”的口号感召下，学校每天抽出30分钟时间，专门培养学生写一手正确、端正、整洁、美观的汉字，同时还为选修“根”文化课程的学生讲解汉字的由来、演变过程及有关汉字的有趣故事等，让学生深刻理解祖国文字内涵，领略汉字的独特魅力。

（四）乡土文化课程

学校把当地的“手工烙画”、“二人台”、“剪纸”等非物质文化遗产作为学校开展校本课程的重要资源，把这些民间艺人请到学校来担任校本课程的主讲教师，同时选派优秀教师拜师学艺，让这些散落民间的文化成为学校校本课程开发的源泉。学校在每年的9月末都要举行得胜乡土文化艺术节，给每个热爱乡土文化的学生一个充分展现自我的平台，同时也有力地促进了学校校本课程的开展。

九、滨海学校：“海之韵”系列校本课程

滨海学校围绕大海主题，开发了具有地域特色的“海之韵”系列海洋文化校本课程。

（一）“海洋科普”校本课程

“海洋科普”为全校学生的必修课，从“纵览蓝色水球”、“爱我蓝色国土”、“勿忘蓝色教训”、“呵护蓝色家园”、“开创蓝色科技”等方面开展。学生通过阅读海洋科普书目、观看海洋科普教育

影片、确定海洋小课题研究、参与动手实验、参观、采访、考察等形式开展研究性学习和社会实践活动。

（二）“海洋艺术”校本课程

“海洋艺术”是选修课，包括海洋文学、海洋书法、海洋集邮、海洋歌曲、海洋舞蹈、海洋手工、海洋贝艺画、海洋布艺装饰画、海洋拼贴画、海洋剪纸等。学生除了参加“海洋艺术”校本课程学习外，还组成海浪花文学社、紫贝壳手工坊、星海湾摄影团、七彩礁美术社等，经常性开展社团活动，巩固海洋艺术类校本课程的学习成果。

（三）学科隐性课程

挖掘语文、数学、英语等学科中隐性课程资源，开发具有海洋特色的微型课程。语文学科开发了“我爱大海”拓展阅读课程，数学学科开设了“亲近大海”主题实践课程，英语学科开设了口语主题课程。每门学科微型校本课程都有自己的框架体系、明确的课程目标和教学内容，由学科教师任教。通过学科微型课程进一步丰富了课题研究的内涵，提高了学生实践探究的能力，让学生对学科学习充满了兴趣。

此外，为使学生时刻感受到海的熏陶，生成探究海的欲望，学校还规划了“观海苑”、“听涛廊”、“踏浪坊”、“拾贝阁”、“起航台”、“瞭望塔”等海洋科普长廊，建立了“欢乐岛”读书角，创设了展示墙，展示学生的校本课程学习成果，让他们可以随时与“海”对话、与“海”交流。浓厚的海洋教育氛围，这也是校本课程开发不可缺少的重要内容。

十、高城山小学："谙技艺"系列校本课程

高城山小学在"尚明德，传知理，健体魄，谙技艺"学校育人目标指导下，为了满足学生"人人有兴趣，个个有特长"的发展需求，系统化、常态化、过程化建构了"为幸福人生奠基"的谙技艺系列四级校本课程体系。

（一）天天校本课

每天的7：50—8：00为全校的阅读时间，任课教师根据学生的认知水平，年级组统一阅读必读内容和自选内容，引领孩子在意境优美的文字中徜徉。每天的12：50—13：00为全校的写字时间，每天坚持练字，不求数量，但求让学生能静下心来，工工整整、真真正正写好几个汉字，通过书写立德立人。此外，大课间活动（篮球操、武术操）、训练队（篮球、足球、排球、田径、武术、健美操）等项目课程，都是每日进行。

（二）周周校本课

每周四7—8节课为学校的校本课时间，开设了艺术技艺（合唱、舞蹈、手风琴、古筝、雕刻、国画、剪纸、书法、动画、电子绘画）、科技活动（万能机械手、超级结构、弹射模型等）、生活技艺（茶艺、种植、烹饪）等板块内容，有效地满足了学生健康成长、快乐发展的需求。

（三）月月校本课

美术组每月在正厅推出一幅名画欣赏，音乐组利用红领巾广播站每月推出一首名曲欣赏，置身其中，提高学生感受美、欣赏美和创造美的能力。

（四）年年校本课

学校将体育板块中的传统体育、民间体育、地方体育普及（滚铁环、花样跳绳、毽球、功夫扇、陀螺、悠悠球、武术、抖空竹、健美操等）、阳光体育活动（长跑、跳绳、踢毽子）等项目纳入到课堂教学中，每学期在不同年级统一授课时间，教师走班，保证每一个孩子接受同样的技艺课程教育和兴趣培养。

为实现教育教学的无缝衔接，学校还开设了开学典礼、毕业典礼、运动会、艺术节等传统课程，通过相对集中的活动内容、丰富多彩的活动方式，实现对每天、每周课程情况的检验与评价。

“谙技艺”系列四级校本课程的实施，促进了学生的个性发展与兴趣培养，有利于孩子养成惠及一生的技艺，并促进学校的全面、和谐和可持续发展。

第七章

体制机制的动力激活

新世纪以来，教育公平成为党和政府的重大民生议题，成为国家的一项基本教育政策。合理配置教育资源，促进义务教育均衡发展，是实现教育公平的重要途径和根本保障。教育要发展，关键靠教师。金州新区积极推动教育管理体制机制创新，建立完善的弹性化教师队伍交流机制，形成具有自身特点的教科研活动机制，激活并促进了教师队伍的成长发展，有力推动了区域教育均衡发展、特色发展与优质发展。

第一节　教师队伍交流机制

教育均衡，是在一定的区域内保持教育资源的均衡和满足教育

需求的均衡。教育均衡化发展是指在一定区域内同一层次的学校，在硬件设施、经费投入、师资力量等方面的相对均衡发展，在此基础上实现办学条件的标准化、均衡化，在地区之间、城乡之间初步实现公民受教育权的平等及公平。从一定意义上讲，教育均衡是人们相对于目前存在的教育需求与供给不均衡而提出的教育发展的理想。均衡的本质是优质教育资源的均衡，内涵是办好每一所学校、教好每一个孩子。均衡发展本身不是目的，它追求的是一种理想、公平、高效、优质的教育。

金州新区大力推进新市区建设，开始全方位城市化管理，在教育上加大投入，积极推动学校标准化建设，努力消除城乡学校差距，并取得了显著成绩。但是，由于历史原因，一些农村学校在师资条件、教育教学理念和方式等方面仍然存在问题，教育发展的不均衡现象仍未解决，义务教育阶段择校问题仍较突出。教师资源的合理配置是实现学校管理水平以及教师队伍均衡发展的前提与必要条件。义务教育阶段的教师资源配置，既是义务教育均衡发展的基础与前提，更是实现区域内教育均衡发展的关键因素。为此，金州新区积极探索建立了弹性化教师队伍交流机制。

一、目标：促进均衡，实现公平

教师在教育教学活动中处于主导地位，教师队伍素质是决定一所学校办学水平和教育质量的最重要的因素，对教育质量可以产生决定性的影响。教育失衡与优质教育资源特别是优质教师资源不均衡密切相关。要保证人人有学上，就必须要有充足的教师配备，必须实现各校优质教师资源的配备大致平衡。然而因历史问题和地理环境问题，长期以来，农村学校、薄弱学校优秀教师短缺，部分农村学校甚至连最基本的师资配备都不能保证。这些都导致义务教育阶段校际间发展的不均衡。因此，要想尽快缩小这种校际间的差距，促进义务教育均衡发展，就必须从教师资源配置入手。

实现义务教育的均衡发展必须实现师资的合理、均衡配置，必须调控优质教师资源的有序流动。不同类别学校之间提供的个人专业发展的机会的不均衡导致教师专业化发展速度不均衡，也间接导致校际之间教师整体水平差距拉大。历史上，学科带头人和特级教师主要产生于窗口学校。对于立志从事教师职业的人来说，能进入到窗口学校也就意味着能有一个更有前途的职业生涯。相反，在一般学校，即使具备相应的能力，学校等级的标签也使其难以脱颖而出。实现师资的均衡配置，必须宏观调控优质教师资源的流动。从某种意义上来说，防止义务教育优质教师资源的过度集中，实现师资力量的均衡，是义务教育均衡的真实体现。从义务教育均衡化的目标出发，在教师资源配置及教师流动政策的导向上要遏制优质师资向部分学校集中的趋势，配置好薄弱学校的教师队伍，稳定农村学校骨干教师队伍。

运用职称评聘机制，平衡学校间教师队伍结构。对于部分长期在农村学校工作的骨干教师，职称评定时在学历要求上可适当放宽。农村名、特、优教师比例一般较低，可适当提高。

扶持薄弱学校师资培训，提高整体师资水平。加强教师培训，是提高教师队伍素质、提高教育教学质量、推进基础教育均衡发展的必然选择。培训部门采取多种措施加强对这些学校教师的培训和业务指导，政府加大对教师培训方面的投入。开展专门针对这类学校的教研活动，实行城乡手拉手、学校结对帮扶等，努力提高薄弱学校、农村学校现有的师资水平。此外，指导薄弱学校、农村学校的教师围绕本校教育教学中需要解决的问题开展课题研究，也是促进教师专业化发展的有效途径。实践证明，这些都是行之有效的方法，但要解决根本问题，还得建立完善的弹性化教师队伍交流机制。

二、原则：立足人本，动态交流，弹性操作

就金州新区而言，义务教育教师的数量基本可以满足教育事业发展的需要，高学历的比例也逐年增加，中青年成为教师队伍的主体。但是薄弱学校仍存在一定的问题：教师老龄化，职业倦怠，艺术、外语等学科的教师配备不足，等等。因此，在硬件投资、管理者配备等条件基本满足的前提下，教师专业化水平不高成为制约教育均衡发展的瓶颈。建立教师专业化发展的机制，营造教师专业发展的精神文化，通过上岗培训、基本功培训、专业技能培训、学科骨干培训、校本培训等形式帮助教师树立正确的人才观、教育观、教师观、价值观，在此基础上建立完善的弹性化教师队伍交流机制。

教师队伍交流必须坚持立足人本、动态交流、弹性操作的原则，从而有利于激发教师自我发展的能动性，符合教师的职业和心理特点，有利于发挥他们的潜能。制定合理的制度法规进行政策牵动、加大政府管理力度进行行政推动、提高骨干人员素质进行骨干带动等都是切实可行的办法。

三、模式：政策牵动，行政推动，骨干带动

（一）政策牵动

校长、教师等人力资源的优化配置，成为推进均衡化的重要条

件和广大家长择校的焦点。金州新区教育行政部门适时地提出，今后工作着力点要“由较多地关注物态改造向更多地关注人文建设转移”。在提高中小学校长、教师队伍整体素质的同时，把建立健全校长、教师交流制度，作为推进教育公平、促进基础教育区域均衡发展的一项重要工作。区管委会下发了《促进义务教育区域均衡发展实施意见》，对优化校长、教师等人力资源提出了具体要求，在全区实施校长、教师的竞聘制度，充分调动了各个学校积极向上的风气，使得办学成本大大降低，办学积极性和办学效益明显提高。

校长竞聘制是选拔优秀领导人才的一个强有力的杠杆，是实现校长与学校资源最佳匹配的重要途径。校长竞聘这个展示平台让很多优秀的校长后备人才浮出水面。这些后备干部的学历均是全日制本科或硕士学位，他们是经过各校骨干教师自主报名、民主测评推荐、理论水平笔试、综合能力面试几个环节的层层选拔才脱颖而出的。选拔出来的这些年轻而富有活力的后备干部将脱产到高校学习，提升他们的理论水平和实践能力。

金州新区面向全国、优中选优的教师竞聘制度，保证了优秀教师的顺利引进。新区在《中国教育报》《大连日报》《大连开放先导区报》、电视台、教育网等媒体上广泛发布招聘信息，招聘教师全部为全日制本科以上学历，其中包含全日制硕士研究生和全日制博士研究生。这其中很大一部分将被充实到师资力量相对薄弱的学校，为这些学校的发展注入新鲜血液。

在此基础上，金州新区注重强化校长和教师的流动制度。要实现教师队伍的均衡，最佳的办法是实现教师队伍的交流。日本、韩国等许多国家一直在采取这样的方法保证教师队伍的均衡，促进教育均衡发展。金州新区相继推出新举措，对各所学校实行校长和教师的流动制度，“强校”校长和骨干教师要到“弱校”任职和交流。通过这种轮换，推动干部、教师的合理流动与交流，保证同一区域内中小学师资水平、领导力量相对均衡。

（二）行政推动

行政部门建立区域统筹的教师管理和调配机制。为了给教师交流提供良好的环境和条件，首先着手教师管理体制建设，改变教师为学校所有的现状，变“学校人”为“区域人”，将教师的管理和使用权从学校转移到教育行政部门，建立了教师由新区教育行政部门统一管理和调配的机制，从而统筹了本区域内校长、教师的整体资源。同时，认真分析教师交流的障碍和困难，采取各种方法统筹区域内教师的待遇。

由教育行政部门统一管理，对在一个学校任期满 6 年的校长，进行校际间交流。在校长交流中，注重将城市学校的校长调向农村学校，名校、强校校长调向薄弱学校。通过交流，给农村学校和薄弱学校带来新的发展理念，促进学校的发展。任何学校之间的管理模式都有一定的差异，新校长到位后，会用现在学校的管理模式与原学校进行比较，从中发现先进的、科学的、规范的办学理念，同时也修正那些不与时俱进、不科学和不规范的某些规定，通过新思想的注入，从而使新学校的各项规定更加科学和规范。

为了促进中小学教育均衡发展，加强教师交流工作，促进教师的合理流动，金州新区教育行政部门制定实施了《教师交流与管理实施方案》，并且逐年加大交流的比例。交流重点是向农村学校和薄弱学校输送骨干优秀教师。教师交流工作中有如下规定：凡申报中学高级教师职务的教师，参评特级教师及市以上模范、优秀教师，参评和续评市区级骨干教师称号的教师，以及局党委选聘中小学干部，必须要有交流工作的经历。此外，又相继出台了一系列政策与法规，保证教师流动的规范化和制度化。通过实施“同级同工同酬”政策，规范工资外收入，适当提高流向偏贫地区学校、城区薄弱学校教师的待遇。将教师定期轮换流动制的实施与教师的人事制度改革结合起来。在具体操作过程中，将自愿双向选择和行政选派等方式结合起来，让流动成为一种主观的需要。

（三）骨干带动

明确交流条件，采取多种交流办法。多年来，金州新区一直坚持推进教师尤其是骨干教师、学科带头人在校际间的流动，让骨干带动教师的交流。教育行政部门明确提出，凡参评特级教师以及区级以上模范、优秀校长和教师的都必须具备在薄弱学校任职和工作1年以上的经历；凡申报中学高级职务评审的专任教师及参评和续评市、区级以上骨干教师称号的教师，必须要有交流任教1年以上经历；其他干部和教师在评职和晋级时，也要把其在薄弱学校的工作经历和业绩作为重要的依据之一，予以优先考虑。每位教师在一所学校工作期限为6年，最多不超过12年。

由于教师交流工作涉及学校、教师、学生、家长等多个层面，可谓“牵一发而动全身”。因此，每年新学年开学，在教师大规模交流之前，都要求开展广泛、周密的调研，工作做细，预案在先，确保稳定；根据本区的实际，召开座谈会，了解不同层面的校长、教师对交流工作的意见和建议，深入基层调查学校的实际需求，在此基础上，制定出既有政策导向性，又有可操作性的具体工作方案，为顺利推进教师交流工作提供政策依据。针对基础条件与学校间差异程度不同的实际，因地制宜地采取了不同的交流方式。在区内实行强弱对口，优质学校与薄弱学校对接交流；实行小区域内小流动，即在一个相对集中的地域几所学校间交流；大区域内大流动，即在整个区域内的学校间进行大范围流动。总的要求是：必须由超编学校向缺编学校流动，由优质师资相对集中的学校向相对薄弱的学校流动，从而提高校际间师资力量配置的均衡度。在交流的过程中，骨干教师起到了带头作用。

建设一支高素质的干部、教师队伍是实现区域教育均衡发展的必要条件，也是实现教育现代化的基本保证。为此，金州新区制定了“三名”教育工程，即利用3—5年的时间在区域内打造一批“名校”、“名校长”、“名教师”，以此带动区域教师群体的弹性化交流和快速成长。目前，“515”名师工程已经顺利启动，所评选出来的50名首席教师、100名学科名师和50名教坛新秀已经开始在各自的工作岗位上发挥作用，为实现教育均衡化打造人才航母。

政策牵动、行政推动、骨干带动环境下的弹性化教师队伍交流机制极大地促进了金州新区教师队伍群体的快速发展，从而促进了区域教育的整体发展。

第二节　教科研活动机制

建立灵活高效的教科研活动机制是促进教师队伍专业发展、推动区域教育整体发展的重要保障。近年来，金州新区教师进修学校在工作实践中探索形成了区域教科研活动机制，总结出了具有鲜明区域特色和时代特点的教科研工作模式。

在研训一体的机制框架下，形成了上下联通的教科研体制和横向联合的教科研制度，并取得了一定的成果：《创新区域教科研工作机制的经验和做法》在全国区域教科研工作机制创新研讨会上交流；《新形势下的教师进修学校体制建设》在《大连教育学院学报》发表；《自主合作探究是做落实校本研修制度的关键》在《中国教育报》发表。

在这个背景下形成了金州新区“以校为本、研教结合”的教科研模式，具体内容为：专业引领下的校本研究；专题牵动下的校际协作；专家指导下的校区联动。这种教科研模式的核心是保证教科研活动的专业性质不变，保证教科研活动中学校的主体地位不变，使教科研活动走上科学化、规范化、专业化之路。

教科研工作的根基在学校，研训员的作用是保证教科研工作的专业化、科学化。教科研工作是永久的工程，研训员的工作要有贯通始终的主线。教科研工作的高度决定了一个区域教学的高度，研训员要成为高端专家与教师间的桥梁。专业引领下的校本研究、专题牵动下的校际协作、专家指导下的校区联动，正是保证教科研工作有深度、有广度、有高度的关键。

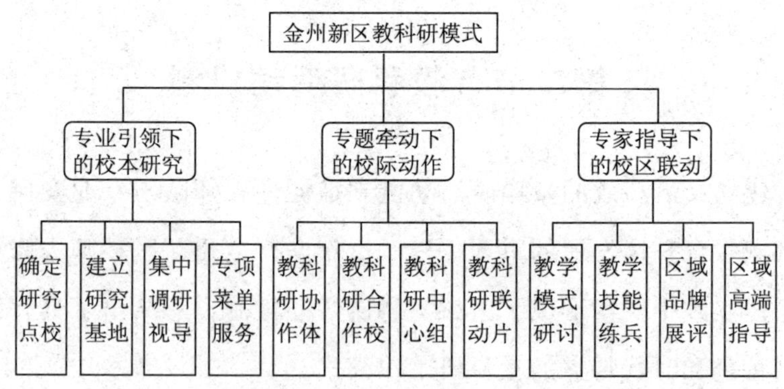

图7－1　金州新区“以校为本、研教结合”教科研模式框架

一、专业引领下的校本研究

校本研究是教师教科研的主要方式，保证校本教科研的专业引领是使校本研究走向专业化之路的关键。金州新区教师进修学校的研训员采取确定研究点校、建立研究基地、集中调研视导、专项菜单服务等方式强化研训员对校本教科研的专业引领。

确定教科研点校：根据研训员的工作特点和区域特色，每位研训员在区域内选择一所学校作为研究点校，以此为基础开展活动，进行教科研工作。全区 40 多位研训员确定了 40 余所学校作为研究点校，研究点校占全区学校数的 50% 左右。

建立研究基地：根据各学段研训员的数量和辖区内学校的具体情况，把学校分成几个小组，每位研训员负责一个区域内几所学校的教科研工作，以其中的一所学校为研究基地。目前，全区范围内这样的基地一共有 40 个，平均每位专兼职研训员负责一个基地，主要负责学校日常教科研工作的专业引领。

集中调研视导：以各学段的教科研部门为主体，对所负责区域内的学校进行全学科集体统一的调研和视导工作。这种形式的专业引领一般每学期进行一次。

专项菜单服务：研训员结合学科和自身特点确定专项教科研的项目，各学校按照实际工作的需要来选择具体的服务内容。这种专业引领的特点是针对性强，能有目的地解决实际问题。

二、专题牵动下的校际协作

校际协作是根据学校和区域特点，为保证教科研工作的实效性而采取的一种有效的教科研方式。这种教科研方式以主题牵动为主要架构方式，根据不同学科的不同特点采取自由组合和行政干预相结合的方式，形成教科研协作体、教科研合作校、教科研中心组、教科研联动片等开展专题式校际协作活动。

教科研协作体：由区教育行政部门和业务部门联系组织，根据区域内学生的实际情况，结合地域和师生的具体特点，将区属的学校划分成若干个协作体，每个协作体由2—4所学校组成，指定一所学校作为协作体的负责单位。目前，全区这样的教科研协作体有近30个。

教科研合作校：教科研合作校与教科研协作体的不同之处在于它是无行政干预的纯民间组织，大多是同等水平的学校组合在一起，学校数目不等，学校规模、师资水平、学生素质都大体相当，这样教科研活动合作起来比较方便。目前，全区共有教科研合作校20多个。

教科研中心组：全称“教学质量提高中心指导组”，是由区教育行政部门领导、业务部门组织的一个业务团体，由来自不同学校的各学科骨干教师以学科为单位组成，每个中心组有5—7人，他们作为区专兼职研训员负责各学科教科研，特别是教学质量的提高工作。目前，全区共有学科中心组25个，成员150人。

教科研联动片：教科研联动片是在教科研协作体、合作校的基础上，由中心组的成员负责协调各协作体与合作校，根据不同的教科研专题来确定的联动组织。这个联动片是一个动态的组织，根据不同的专题可以组织不同的联动片。

三、专家指导下的校区联动

校区联动是在校本研修和校际协作基础上的区域性教科研活动，大多是在专家指导下的高端的区域性教科研活动，如区域品牌展评、教学模式研讨、教学技能练兵、区域高端指导等。这种教科研活动仍保持学校的独立主体地位。

教学模式研讨：是为落实区教育行政部门提出的构建课堂教学模式、落实“四有”课堂而确定的一种区域教科研模式。各学科、各学段均以此为主题，在专家指导下开展教科研活动。

教学技能练兵：是为提高教师教科研能力和学科教学水平，提高课堂教学效率，区教育行政与业务部门联合确定的一项常规性的教科研活动，在课堂教学中提高教师的教学技能和教学水平。

区域品牌展评：是指为提高各学科骨干教师的教学水平，带动全区教师的成长，对各学科品牌教师进行综合评定展示，从业绩水平、说课能力、上课质量几个方面进行考核评议。

区域高端指导：是为实现区域教育高端发展，实现“国内一流、国际知名”的发展目标而确立的区域高端指导的教科研模式。各学科与国内外高端专家直接对话，让教师直接感受各学科的前沿信息。

第八章

过程指导与切实服务

为加强中国教科院教育综合改革实验区建设，切实提高实验区工作成效，按照《中国教科院教育综合改革实验区建设与管理办法》，实验区采用常驻专家的工作方式，根据实验区的工作需要，设专家组。派专家组常驻是实验区建设的一项重要内容，也是开展实验区工作的一个创新模式。

三年来，中国教科院先后派9位科研人员常驻金州新区。在这三年的工作历程中，金州新区驻区专家组高标准确立工作任务、工作角色和工作标准，不断创新工作内容、工作过程和工作方式，凝聚并坚守着一种充满良知、富于活力的团队文化。

一、工作任务

立足于热诚并切实有效地为金州新区教育发展指导服务的宗旨，直面金州新区教育发展过程中亟待解决的核心和关键问题，力图——

为新区教育改革谋划一些切实可行的良策；

为新区教育实践寻找一些行之有效的路径；

为新区教育强盛打造一些有显示度的成果；

为新区教育发展留下一些有持久力的文化。

二、工作原则

牢固主旨意识，凸显主导功能。全方位贯彻中国教科院教育综合改革实验区建设与管理的指导思想、工作方针和基本任务。

聚焦主题主线，深化改革实验。坚持教学与研究相结合，实验与创新相结合，整体推进与重点突破相结合，理论提炼与实践推广相结合。

强化指导服务，创新工作模式。将指导服务全面切实深入到区域教育实践全过程，将实验区工作计划任务化和制度化落实。

三、角色定位

不摆架子——做实实在在的“家里人”；

不吝身子——做默默实干的“服务兵”；

不卖关子——做娓娓道来的“传道者”。

四、工作标准

学术的高起点——学术主张、学术判断、学理分析要给人以引导和启发；

工作的高品位——工作内容、工作过程、工作方法要给人以标准和借鉴；

做人的高品质——为人品性、工作态度、行事作风要给人以舒适和崇敬。

正是在这种充满良知和富有活力的团队文化的感召下，三年来，中国教科院驻区专家组为金州新区实验区提供了高强度、高质量、过程性和切实的指导与服务。

第一节　问诊式调研

调研既是对教育作出科学决策的基础，也是促进教育发展的前提。通过调研可以总结经验、找出问题、明确方向。为全面了解金州新区社会发展新形势下教育发展的新情况，探索金州新区教育跨越式发展的新思路，中国教科院驻大连金州新区教育综合改革实验区专家组积极推进学校发展情况调研工作，广泛开展面向学校、面向教师、面向学生的调研活动，探索创新“自下而上”的“问诊式”调研模式，科学认识金州新区教育发展的优势和症结，切实做好指导服务，有效指导学校发展。

三年来，驻区专家组调研的足迹遍布金州新区各级各类学校，通过校长访谈、教师座谈、随堂听课、实地考察等形式，深入了解各个学校的发展情况，详细分析学校发展中所遇到的问题，积极探索学校发展方向，为金州新区学校办学水平整体提升作出了积极贡献，也为新时期专家引领下学校特色发展的探索积累了丰富的资源。通过“问诊式”调研，不仅解决了学校发展遇到的问题，推动了教育工作的落实，锻炼了一支强有力的教师队伍，更为驻区专家组谋划工作、推进区域教育发展打下了坚实的基础。同时，专家组实事求是、科学严谨、平易近人的工作作风和工作态度，也为区域广大校长、教师树立科研意识、提升工作水平提供了一个实践模板。

实验区建立初始阶段，在 2009 年 9 月中旬至 12 月上旬的近三个月时间里，专家组深入到开发区 41 所公立中小学和模特艺术学校、职业中专以及素质教育活动中心等地进行实地调研，通过校长访谈、教师座谈、随堂听课、实地考察等形式，了解各学校的发展状况，诊断学校发展水平，进行准确定位，并以分类指导的方式引领不同水平学校快速发展。专家组紧紧围绕这一工作重点，通过开展科学严谨、高效务实的调研工作，对开发区学校现有发展水平形成了一些基本的判断。

办学水平和教育质量稳步提高。开发区基础教育质量和公办学校的办学水平正稳步提高，与市内四区相比，各方面的教育差距正在逐步缩小，在全大连市处于第二集团的领先位置，同时，涌现了一批办学成就显著、特色鲜明、质量突出的品牌学校，在全大连市名列前茅。

教育均衡化取得了重要进展。农村学校、薄弱学校的软硬件条件不断得到改善。校长和教师交流制度执行力度大，一批具有强烈职业追求、先进教育理念、明确教育主张的校长和教师，在开发区范围内得以广泛流动。

素质教育得到了积极推进。全面落实义务教育新课程标准，加大高中课程改革力度，深入开展教育教学改革，切实减轻学生课业负担，积极探索校本课程、校本培训和校本教研，素质教育成效显著。

教育国际化成效显著。英语教学、双语教学优势明显，国际合作办学积极推进，跨文化教育、教育国际交流深入开展，教育国际化已形成一定基础，并呈现出不断加快发展的趋势。

同时，专家组通过调研发现，同样在开发区，学校办学者的教育思想、办学理念、管理方式乃至着力点都各有不同，学校发展方式呈现出很大的差异性。如何引导学校发展方式从粗放型向开放办学型、质量效益型、创新驱动型转变，以最低的成本、最小的代价实现学校的发展目标，这一问题引起了专家组的高度关注。由此，专家组在随后的工作计划中确立了“立足全面调研，再赴基层学校，深入跟进指导”的工作思路，并逐步形成了“理念创新、整体建构、品牌提升”的工作方针。

金州新区成立之后，区域内学校数量大幅度增加，所涉及学校层面更加多样。虽然开展调研工作的难度加大，但专家组继续秉承“问诊式”调研的工作方式，尤其是在金州新区创建基础教育强区的关键时期，多次深入各级各类学校，详细了解学校办学的实际情况，分析学校办学的突出问题，给学校的整体建设和发展出谋划策，为高质量创建基础教育强区奠定了基础。

专家组确立的“问诊式”学校调研模式，既是对教育综合改革实验区工作机制的一种探索，也是“自下而上”推动学校改革与发展、继而提升区域教育总体发展水平的一种有效尝试。实践证明，这一工作模式已取得了良好的成效。

第二节 跟进式服务

教育的精彩不是要千篇一律，而是要百花齐放，学校发展的多样化、学生发展的多元化是新时期教育发展和学校建设的主要议题。《教育规划纲要》指出，教育应注重因材施教，关注学生的不同特点和个性差异，发展每一个学生的优势潜能。因此，挖掘金州新区学校发展的特点，形成特色鲜明的办学理念、打造形式多样的课堂教学、促进学生多元发展成为驻区专家组落实纲要精神，全面推进金州新区教育新发展的战略主题之一。同时，根据学校发展的不同阶段和需求，驻区专家组确定了“跟进式服务”的指导模式，让指导工作落在实处。

三年间，驻区专家组围绕“学校特色化、多样化发展”、“教学环节精细化”、“教学模式多元化”等主题展开了大量富有成效的指导工作，努力打造一批拥有先进办学理念、富有鲜明办学特色的示范学校，塑造一系列教学环节合理、实践模式科学的高品质课堂，力图全域性带动金州新区教育优质特色发展。

一、整体建构，促进学校特色化发展

为巩固学校调研工作所取得的重要成果，驻区专家组围绕“学校特色化、多样化发展”这一战略主题，适时提出了“理念引领—整体建构—品牌提升”的工作策略，以理念创新为抓手，总结提炼学校的办学经验与特色优势，推动学校由数量扩张向质量提升转变、由规模扩大向内涵发展转变、由外部监控向自主发展转变，高位引领学校走科学、快速和可持续发展之路，积极探索学校发展的新模式，深入推进学校的自主发展、内涵发展和特色发展。

在认真总结学校调研工作经验的基础上，专家组经过多次深入研讨后认为，学校发展必须转变思维方式，运用整体性思维，从系统、整体的角度来思考教育问题，设计学校发展的可行路线。由于学校发展具有多起点、多途径、多策略的特点，专家组积极分析借鉴国内外教育改革创新的成功经验和做法，提出了“整体建构”的学校自主创新发展模式。

在哲学上，“整体”是指若干对象（或单个客体的若干成分）按照一定的结构形式构成的有机统一体，与“部分”一词相对应。整体包含部分，部分从属于整体，两者在一定条件下可以互相影响、互相转化，但是整体具有其组成部分在孤立状态下所没有的整体特性。整体性几乎已成为所有领域改革创新的重要原则，学校的改革和发展也不例外。目前，无论在学术界还是在实践领域中，不乏运用整体性原则建构教育教学体系并取得显著成效的范例。因此，专家组把积极推进“整体建构”作为推进教育综合改革实验工作，特别是学校创新发展的基本模式。

根据学校发展基础，学校整体建构模式可分为价值观、方法论和操作体三个层面，三者之间上下衔接、相互关联、形成体系。学校价值观的确立是整体建构的首要环节。

学校价值观反映了校长和教师对教育本质属性和基本特征的认识与判断，它从深层次影响校长、教师的思想观念与行为方式，规定和制约办学的方方面面。它要求回答“学校是什么”、“学校具有什么使命”、“学校发挥什么作用”等一些基本问题，其核心是学校的办学理念。基层学校亟须对现有的核心价值观和办学理念做进一步提升，要立足历史传统，把握发展机遇，进行大胆创新，以更高位的核心价值观和办学理念引领学校实现更大的突破。

方法论的建立是整体建构的关键环节。方法论是关于人们认识世界、改造世界的一般方法，反映人们用什么样的方式、方法来观察事物和处理问题。专家组提出各学校要运用整体性思维，分析一个教育事物的内涵和关系，分析实现教育目标的各种要素之间的逻辑关系及其相互影响，建立起分析教育事物内在逻辑和水平的整体框架。

操作体的选择和构建旨在为整体建构提供实践路径。根据已有经验，整体建构的操作平台和载体主要有制度建设、课程建设、活动载体、主题平台等。专家组建议采取工程学的方式来选择和构建操作体，可以使用工程、计划、模式、行动、策略等词语来标识，以区分传统的学校发展方式。

在专家组跟进指导下，金州新区中小学高起点凝聚和提炼办学核心理念，科学规划学校发展，着力打造学校高质量的课程文化、高标准的制度文化、高品位的环境文化，遵循整体建构、主体生成的原则，强化学校文化建设的系统性与师生的参与度、认同感，立足实际，着眼长远，突出特色。目前，已有一批学校迅速崛起、崭露头角，呈现出良好的发展态势。

二、多元探索，致力教学模式的塑造

《教育规划纲要》指出，要改革教学内容、方法、手段，强化教学环节，增强课堂教学效果，提高教育质量；鼓励教师和校长在实践中大胆探索，创新教育思想、教育模式和教育方法，形成教学特色和办学风格。金州新区 2011 年基础教育工作计划中也提出，要以“聚焦课堂”为着力点，优化课堂教学，提倡和鼓励课堂教学改革，探索适合课程改革的教学模式。专家组高度重视课堂教学改革，特别是高效课堂教学模式和方法的总结提炼，并以此为重点，多次深入课堂听课，与学校领导和一线教师积极沟通交流，不断研讨总结，努力推动金州新区多元化高效课堂教学模式的探索和构建。

▲ 专家组深入学校指导课堂教学模式探索

在专家组与教师研训部门的共同参与和指导下，金州新区各中小学大力开展课堂教学改革活动，在教学模式的探索方面出现了可喜局面，涌现出一批各具特色而又符合自身实际的课堂教学模式。如 103 中学积极更新教学方法，以启发、讨论为主的教学成为课堂教学的主流，引导学生自主学习、合作学习、探究式学习，形成了具有特色的“四让”教学模式，即能让学生观察的，让学生观察；能让学生表达的，让学生表达；能让学生思考的，让学生思考；能让学生作结论的，让学生作结论，从而使课堂教学“活而不空，实而不死”。

开发区二中构建起较为成熟的“群体教学模式”。这种模式把

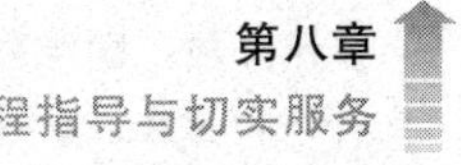

学生按照“同组异质”和“组间同质”的原则分成若干个群体（小组），教学时面向群体进行，形成了“三段”（课前自主预习、课上交流展示、课后联想反馈）、“六步”（预习、交流、展示、提升、联想、反馈）、“五环节”（读、思、研、做、悟）的自主、互助式群体教学模式。通过群体交流、群体探究、群体评价，促进群体间或对手间展开学习竞赛，进而达到“互助、互励、互竞、互学”，培养学生的团队精神和合作意识，让学生在合作探究中学会沟通、协作、互助与分享，共同提高。

七顶山街道中心小学的“前置教学”模式研究逐步深化。以语文学科教学为例，该模式包括提前布置预习纲要、课前背诵积累素养、创设情境导入文本、汇报展示整体把握、感悟理解教师点拨以及总结提升、布置作业等环节，在课堂教学中将讲、学、练融为一体，从而全面提高学生的综合能力。该校还在“合作运用”英语教学模式、“换位体验”的校本课程教学模式等方面进行了有益的探索和尝试。

东山小学着力打造“品质课堂”教学模式。每位老师都要围绕学校的教学理念——培养学生的学习品质——上一堂公开课，提出自己的研究主题，发现并及时总结课堂教学亮点，形成自己的教学模式。专家组建议，要抓住关注思维品质和情感升华两个关键来进行模式的构建，得到了积极响应。

为进一步加强课堂教学改革，探索既适合课程改革又具有自身特点的教学模式，金州新区一些学校还建立起校际联盟，加强研讨与交流。如开发区二中发起并承办了“名校联盟、高效课堂”研讨活动；实验小学、港西小学、格林小学建立校际联动关系，以课堂教学模式研讨活动为抓手，相互切磋课堂教学技艺，增进校际间的合作与交流。专家组协助金州新区教育文化体育局起草出台了《关于推动高效课堂建设的指导意见》，聚焦于课堂教学环节，研究、探索和创新课堂教学模式，有力地推动了全区中小学课堂教学改革全面展开。

第三节　规范化指导

教育科研是实现教育创新、提升教育质量、培养教师队伍的重要途径。近年来，各级教育部门加大教育科研的投入，期望通过科研切实解决教育问题，科学探索教育发展规律，从而更好地为教育实践、教育决策、教育发展服务。科研工作的规范化有利于提高课题研究的质量、提升课题参与人员的研究素养、推动课题研究的进程。因此，立足科研工作规范化、注重科研指导过程化、落实“科研引领”的工作方针、全面提升学校科研水平、促进教育科学发展成为驻区专家组推动金州新区教育科研工作的核心理念。

三年来，驻区专家组对金州新区所有申报的各级各类教育科研课题给予了充分的关注和支持，从课题研究方向的确定、课题立项申请、课题开题论证、课题研究方法的选择、课题结题报告的撰写等方面为金州新区教育科研工作确立了科研工作规范化的理念，树立了科研工作科学化标杆，提升了金州新区教育科研的软实力。在规范化理念的指导下，金州新区教育科研工作呈现一派新气象。

一、系统谋划，科学论证，指导课题申报

自2009年9月入驻伊始，专家组始终坚持“科研引领”的工

作方针，一方面通过对学校进行问诊式调研，有意识地积累问题素材，认真分析提炼具有研究价值的问题，共提炼了5个宏观问题和10个微观问题，为课题的选题工作打下坚实基础；另一方面，在与教育行政部门工作对接、与教师进修学校开展业务协作、与学校校长和教师进行交流座谈的过程中，结合教育实践中的具体问题，积极宣传课题研究对推动区域教育创新发展、拉动学校特色发展、牵动教师专业发展的重要意义和现实价值，以此鼓励和引导学校和教师强化“科研兴区”、“科研立校”、“科研促教”的意识，积极有效地开展教育科研，为课题申报工作奠定了牢固的思想基础。

为高质量地开展课题申报工作，2010年2月26日，专家组会同教师进修学校专门组织召开了科研课题申报和研究培训会，专家组组长陈如平研究员为全区校长、研训员和学校科研骨干做了课题申报专题辅导报告。会上，陈如平研究员对教育科学研究的意义、课题研究问题的选择与提炼、课题研究方案设计以及课题研究内容框架和基本思路等做了详细阐释，进一步加深了校长、教师和教科研骨干对课题申报的了解和理解，激发了他们的科研热情。

专家组认为，以课题研究引领区域教育发展是课题申报的宗旨，因此课题选题应该也必须是区域教育发展中的重要问题和难点问题，并且是值得研究和可以研究的问题。专家组系统思考、认真把关，精心设计了区域教育科研的框架体系，集中围绕区域教育体制机制创新、区域教育国际化、本土名师团队建设等三个问题展开研究，学校可以结合教育教学和特色发展的实际情况选定课题内容。

为确保课题申报书的质量，专家组放弃节假日休息时间，加班加点负责对各项课题设计论证进行全程指导，几上几下，反复打磨，讲究质量。近三年，金州新区课题申报的数量大大超过往年，而且课题设计论证质量也明显好于各区县，在大连市课题申报初审会上得到评审专家的一致好评，多项课题直报省教育规划办。大连市教科所负责同志指出，由于驻区专家组强有力的指导，不仅激发了金州新区一大批学校校长、教师的研究热情，从整体上提升了区域的教育科研水平，而且推动整个大连市的教育科研工作迈上了新的台阶，取得了新的成就。

二、科学论证，全程指导，规范课题研究

高层次、高级别的课题研究是区域教育品位品质的重要标志。“我国区域教育管理体制创新研究”和“我国区域名师团队建设与运行机制研究”是由金州新区申报并被批准立项的国家社会科学基金“十一五”规划国家级课题。专家组高度关注两个课题的研究工作，在同金州新区教育文化体育局和教师进修学校经过多轮研讨论证，初步形成课题研究方案的基础上，专门组织召开“我国区域教育管理体制创新研究”课题研究论证研讨会，与“我国区域名师团队建设与运行机制研究”课题组多次举行课题研究推进会。

2011 年，金州新区共有六项课题被批准立项为辽宁省“十二五”规划课题，这是金州新区教育科研工作的一项重要成绩。专家组对省级课题的研究工作提出了集体组织开题的建议，并先期对多项省级课题的开题报告进行了认真细致的指导。

在东山小学举行的“区域校本研修中特级教师团队专业引领的研究”、“微笑教育促进小学生健康人格发展的实践研究”、“初中阶段”超越教育“实践研究”等三项省级课题集体开题会上，专

家组从研究选题的视角、开题报告的要素和撰写用语、文献查阅的方法和意义、研究目标的明确、研究内容的聚焦等角度对课题研究的推进提出了一些建设性的意见。专家组要求，各位主持人要认真对待课题研究工作，以科学严谨的学术态度完成课题；课题组成员要加强理论学习，端正研究态度，扎扎实实进行过程研究，将课题研究与学校教育教学实际紧密结合，最终提供理论与实践的成功经验。

▲ 专家组指导省级课题开题

在开发区第七中学徐春娟主持的市级立项课题“多元校本课程的开发与实践研究”的开题会上，专家组对课题的开题报告进行了评议。专家组认为，应进一步加强对已有成果的梳理，研究方法应进一步明确，并将重点放在如何进行多元校本课程的开发与实施上；七中在校本课程开发方面已有很好的基础，应重视对自身经验的总结和相关理论与实践的学习，课题研究站位要高、视野要广，在此基础上扎实推进，才可能取得卓越的成果；作为学校的科研课题，应重视对已有实践经验的总结，进一步进行理论归纳和抽象；同时，诸多门校本课程不能眉毛胡子一把抓，要有重点，精致化；

另外，这一课题与该校另一课题“卓越教育的理念与实践研究”有很大的相关性，应同步推进，两个课题绝不能相互游离；学校理念和校本课程建设与学校每一位老师息息相关，建议课题研究团队要进一步扩大，全体教师都应参与到校本课程的建设与实践中来；七中以前已有很好的校本课程体系基础，在研究过程中一定要进行很好的梳理、分析、总结，将体系的特征抽象出来并具体化，在此基础上选择几项课程进行认真打造，出精品，塑品牌。

在金州新区各级课题开题论证过程中，驻区专家积极参与，并一直追踪课题的研究进程。每次开题会、推进会都成为一次科研培训会，有效促进了区域教育科研质量与水平的提升。

第四节　引领性牵动

课堂是学校教育的主阵地，是课程实施的主渠道，是教师、学校、区域教育软实力的体现，课堂教学水平极大地影响着教育质量的提高。为充分发挥驻区专家组对区域教育发展的指导和引领作用，整体提升金州新区学校课堂教学水平，促进课堂教学改革探索良性发展，“提高课堂教学质量，提升课堂教学品质”成为驻区专家组工作的核心目标之一。

围绕这一核心目标，驻区专家组大力倡导科学探索课堂教学改革的理念，引导教师辩证对待教育教学问题，不轻信、不盲从，努力做到因地制宜、因材施教；创新性的提出开展全域性的课例创新研究和小课题研究活动，促使所有的教师学会寻找课堂教学的本质问题，思考课堂教学的基本规律；积极开展各类培训、讲座和座谈活动，全方位、精细化引领课堂教学的变革，为金州新区所有学校最终实现高品质课堂教学打下了坚实的基础。随着工作的不断推进，金州新区教师队伍课堂教学研究水平得到大幅度提升，课堂教学呈现出一幅百家争鸣、百花齐放的新景象。

同时，为配合金州新区开展创建基础教育强区工作，进一步引领学校发展方向，提升学校办学水平，打造专家型校长队伍，专家组在认真学习辽宁省教育厅关于基础教育强区督导评估验收相关文件的基础上，积极配合金州新区党工委、管委会以及教育文化体育局关于强区创建工作目标、内容与落实的进程，充分发挥科研引领作用，重点在区域基础教育内涵提炼、学校特色打造和校长基础材料撰写等方面积极服务，全力为金州新区创建辽宁省基础教育强区献计献力。

一、着力引领高品质文化课堂的塑造

高品质教学是提升教育内涵、塑造高品质教育的主渠道。为切实有效地推进高品质教学工作，专家组会同金州新区教育文化体育局、教师进修学校规划设计了《金州新区高品质教学工作实施方案》，提出构建高品质课堂标准、创新备课模式、创新观课评课技术和探索课堂教学实施模式等四项过程性工作任务，并设立“高品质课堂实践对话”系列活动作为工作任务有效落实的平台。其中，“高品质课堂理论辅导序列”是“高品质课堂实践对话”系列活动的一项核心内容，也是专家组承担的一项重要工作。

教育部于2011年12月28日正式颁布了义务教育语文等19个学科课程标准（2011年版），并专门下发文件，要求各地区全面加强学习培训工作。对此，专家组会同教师进修学校经过认真研讨，制定了系统的学习新课程标准工作方案，并组织了多次专题报告对新课程标准进行指导学习。作为学习新课程标准的启动工作，金州新区教师进修学校专门组织召开“义务教育课程标准（2011 年版）学习培训会”。专家组组长李铁安博士首先为全区 32 名研训员做了“高品质教学基本问题”专题交流辅导，随后，他又为各中小学副校长、教导主任、科研部主任、学科中心指导组成员及全体研训员共 300 余人作了题为“迎接新标准——关于学习义务教育课程标准的思考”的专题报告。之后，他还在开发区七中为全区初中校长做新课程标准培训，应邀在北京小学华润·海中国分校为大连市数学教研员和骨干教师做数学新课程标准培训。这些培训对广大教师尽快从容、理性地走进新课程实践，提升自身教学理论和指导教师教学实践都具有很大的启发借鉴价值。

▲ 李铁安博士就新课程标准进行辅导培训

二、全力推动全域性教师“课例创新研究”

在深入分析金州新区教育现实状况和未来发展诉求的基础上，专家组进一步明确了“以教育科研助推区域教育发展”这一工作主线，重点聚焦“塑造高品质课堂文化”和“塑造高品位学校文化”两大工作主题。作为塑造高品质课堂文化的一个重要载体，专家组创造性地提出了全域教师全员性开展“课例创新研究”。

所谓“课例创新研究”，是指教师对一节具体的教学内容进行全程化的实践研究与创造。首先，教师精心选择一节具体的教学内容，对其做原生态的教学方案创新设计，然后教师根据所设计的创新教学方案开展教学实践，再对教学实践效果进行总结、分析、反思和提炼，最后提出引发的新思考和新问题。

课例创新研究是引导教师立足教学实践、树立科研意识、强化学习反思、凝聚教学思想、提升教学智慧的最有力的实践活动，也是激活教师群体合作学习、协同创新从而培育教师学习文化的一种最有效的研究形式。让每一位教师开展课例创新研究，是区域塑造高品质课堂文化的重要载体和根本路径。为使课例创新研究深入展开，专家组精心策划了实施方案，并进行了全方位跟进指导。

（一）精心研制课题指南，让教师明晰课例创新研究的科学方向

根据专家组的建议，金州新区教育文化体育局将全域全员开展教师小课题研究作为2012年基础教育工作的重要内容。专家组会同金州新区教师进修学校，历时一个月，精心研制并推出《金州新区教师小课题研究实施指南》（以下简称《指南》），为全区中小学校和教师切实有效地开展小课题研究提供了方向指引。

如何彰显小课题研究的实践品格，是专家组在思考和设计《指南》的过程中最为关注的问题。经过多轮调研、研讨和反复论证，最终明确，一方面，《指南》应对广大教师选题发挥方向引领和问题聚焦功能，把教师的科研视野和兴奋点引导到教学内容中，让教师经历自己提出问题的过程，培育教师的科研意识和问题提出能力。为此，《指南》主要以教学基本理论和新课程标准为基本问题框架，提出了选题的内容范畴，如在“教学内容”方面提出学科知识内涵、逻辑结构、学科思想、育人价值等若干要点，力图大范围覆盖学科教学中的基本问题要素，让教师立足教学基本规律和教学实践所涉及的具体要素提出选题并进行研究，体现《指南》对教师在选题指导上的科学性、开放性和导引性。

另一方面，《指南》强调小课题研究的问题性、实践性与学理性，并明确提倡教师开展课例创新研究。《指南》提出，课例创新研究是教师开展小课题研究最基础、最简单也是最实用的类型，要求教师在进行课例创新研究的过程中，结合对教学理论和新课程标准的学习，关注备课（教学方案设计）、上课（教学方案实施）、集体听课评课（教学方案效果总结）等几个主要环节的研究过程和研究质量，通过这一过程研究，推动教学工作，提升科研水平。

（二）集中开展专题培训，让教师提升课例创新研究理论素养

《指南》下发之后，为了让校长和教师统一认识、明确方向、抓住重点，专家组集中对研训员、校长及科研骨干进行了及时跟进指导和专题辅导，并进一步深入金州新区基层学校展开密集的调研指导、听课观摩和交流研讨。

▲ 专家组指导学校开展教师课例创新研究

根据各校实际，专家组就小课题研究特别是课例创新研究，结合新课程理念学习与高品质课堂文化建设，对校长和教师进行了专门培训。强调新修订的义务教育课程标准（2011 年版）反映了《教育规划纲要》的精神，直面过去十年新课程实施中暴露的突出问题，其主旨追求是为学生的健康成长提供优秀的课程。新课标尤其强调了彰显德育、突出能力的主题，教师应深刻领会其精神实质，紧紧抓住深掘课程内涵、强化学生主体、活化教学方式这三条主线开展学习和实践。

开展小课题研究，其根本宗旨就是以课堂为本、以学生为本、以教师为本。这就需要校长高度重视此项工作，组织教师认真学习《指南》，精心部署，稳步推进，通过课例创新研究，真正让教师找到教育科研与教学实践的兴趣点，逐步走进科研，享受研究带来的幸福。

基层校长和教师普遍反映，专家的培训使大家对高品质课堂教学、新课程标准核心理念及实施以及课例创新研究的意义价值与操作路径等有了更加深入且明晰的认识。课例创新研究将课题研究与课堂教学有效整合，有利于教师迅速走进科研大门，并使课堂教学模式创新、新课标学习和小课题研究等工作任务得以有机统一，对于促进课堂教学改革、教师自身专业成长及学校教研文化的生成具有深远影响。

（三）深度指导课堂教学，让教师把握课例创新研究的内容主题

课堂教学作为教师课例创新的研究对象，是教师发现研究问题、提炼研究主题的重要素材来源。专家组与教师进修学校研训员一起深入学校，通过听课、评课，尤其是借助具体课堂教学实践与教师进行深度交流，引导教师对教学课例的创新点进行深入挖掘。

▲ 专家组深入课堂指导教学

专家组在观课、评课过程中，基于教师们对课堂的反思与评价，提出应结合新课标要求，深入分析课堂，关注课堂教学中的深层次问题。专家组建议，教师在教学中要充分把握学科本质，深入挖掘其德育内涵，既要精心预设课堂，更要善于抓住教学过程中的生成，把握好教师主导与学生主体、教学形式与教学内容等之间的

关系；在课堂教学实践中发现问题，把问题化为课题，不断寻找创新点，通过课例创新研究，持续改进教学，提高教学水平。专家组指出，当一大批创新课例出现，形成学校乃至区域的创新课例数据库资源并为大家所共享时，其意义不可估量。

专家组对金州新区中小学课堂教学的深度指导，既让教师深刻地体验了高质量的观课评课，又有效地促进了教师对课例创新研究内容主题的把握，为提高教师自身素养、塑造高品质课堂文化提供了助力。

（四）有效助推主题研修，让教师体验课例创新研究的实践过程

课例创新研究的实践过程既是教师教学实践的总结与升华，也是教师之间研讨、交流、合作与共同反思的过程。尤其是通过教师之间的同伴互助、合作学习与协同创新，能够凝聚集体智慧，共同实践课例创新研究。专家组认为，必须抓住校本主题研修这一环节，进一步提升主题研修的效果和品位，使其成为教师体验课例创新研究实践过程的有效载体和平台。

为此，专家组先后赴十余所学校参与教师主题校本研修活动。在每所学校观摩 1—2 节示范课后，专家组参与教师主题研修，积极交流研讨，并对学校的主题研修活动进行指导。专家组提出，主题研修的重要功能和目标追求是创设教师和谐文化，搭建交流平台帮助教师成长，实现教育改革和学校发展。

为进一步提高主题研修的效果，专家组建议，主题研修活动首先要精心提炼研修主题。研修主题要来自教师日常教育教学中，而课例创新研究无疑是重要的研修主题之一。其次，主题研修活动要提出问题，对研修中的问题要进行归纳总结，并形成下一次研修的主题内容。最后，主题研修过程中要有碰撞、有生成，在交流中反

思，在碰撞中升华，形成良好的研究氛围。专家组指出，一定要充分重视主题研修的重要性，使之成为课例创新研究的有效途径和实践载体，形成有效机制，培育并创生新的教师学习文化和课程教学文化。

三、全面跟进学校文化内涵提炼，提升区域教育特色品位

学校办学理念、办学特色的提炼和凝聚，是学校实现内涵式发展的关键性因素，也是辽宁省基础教育强区评估检查的一项重要指标。在金州新区“创辽宁省基础教育强区”校长拉练会上，专家组组长李铁安博士作了题为“学校文化建设的内涵与策略”的专题报告，就学校文化的内涵与意义、学校文化建设的相关问题、学校文化建设的实践路径、金州新区学校文化特色建的设初步构想四个主题与全区中小学校长们进行了交流。

在全面辅导的基础上，专家组又先后对32所学校展开系列专题调研，积极跟进指导，协助基层学校对自身办学理念、学校特色及实践体系架构等进行梳理和提炼，并对一些初具特色的学校进行了重点指导，着力提升学校的特色内涵与品位。

四、细致辅导校长撰写汇报材料，引领校长思维方式的转变

根据辽宁省教育厅关于基础教育强区督导评估验收相关文件的要求，学校自查报告及校长汇报材料是评估检查中的重要一项。在金州新区2012—2013学年度基础教育工作会议暨强区评估验收工

作部署会上，专家组组长李铁安博士应邀为全体与会校长作了题为“创建基础教育强区校长汇报材料撰写的若干思考”的报告。报告围绕如何挖掘学校教育内涵、展示学校教育成果、促进学校未来发展三个问题展开，结合各校已提交汇报材料的优缺点，从汇报材料的基本目标、基本结构、写作技巧、行文规范等角度深入分析了汇报材料的功能和价值，明确了此次汇报材料撰写的核心内容及要点，提出汇报材料内容应具备“文化色彩、政策色彩、学理色彩、实证色彩、个性色彩和创新色彩”。

在报告准备过程中，专家组认真阅读了各校已提交的汇报材料，收集了大量一手资料，并与部分校长认真研讨了有关汇报材料撰写中应注意的问题，力求报告言之有物、言之有理，具有较强的针对性和指导意义。许多校长反映，报告促使他们对学校办学实践经验及学校未来的发展思路进行更加深入的思考，极具启发性。

专家组还制作了汇报材料模板下发各校，并集中力量对各学校及幼儿园新提交的汇报材料做了审读，提出了修改意见和建议，并与校（园）长多次沟通，使材料从内容到形式进一步趋于完善，力求精致。

专家组大量的引领性工作受到了金州新区管委会领导及教育文化体育局领导的高度肯定，也受到基层学校校长的广泛欢迎和好评。三年来，金州新区教育整体发展方向、发展方式不断得到巩固，专家组发挥科研引领的地位与作用也持续彰显。

第九章

展　望

2012年10月，在中国教科院金州新区教育综合改革实验区成立三周年之际，金州新区迎来了“创建辽宁省基础教育强区暨全国义务教育均衡发展基本均衡县区”评估检查。从某种意义上说，这也是对实验区建设成果的一次评估和检验。令人欣慰的是，金州新区高质量通过了验收，并得到辽宁省教育厅评估专家组的高度评价。金州新区向实现教育均衡化、国际化、特色化和优质化，建设“国内一流、国际知名”现代化教育强区的宏伟目标又迈进了一步，实验区的建设与发展也站在了一个新的历史起点上。

第一节　夯实基础工程

金州新区实验区将在巩固和弘扬优势局面的基础上，继续深入推进教育综合改革实验工作。以促进学生健康成长为主旨，围绕质量提升主题和内涵发展主线，以改革、实验、创新为动力，以文化培育、科研引领为主导，进一步凝练区域教育发展的主导方向，优化教育资源的整体功能，凸显教育环境的文化品位，提升教育活动的质量品格，切实促进学生健康成长，扩大教育发展优势局面，打造区域教育特色品牌。

金州新区实验区将以实施高品格主题德育培育工程、高品质课堂教学优化工程、高品性校本课程开发工程、高品行教师队伍提升工程、高品位学校文化建设工程等“五品工程”为导向，以系列重点项目为抓手，强化区域教育国际化、特色化和优质化培育力度，切实激活作为教育实践主体的校（园）长、教师的工作热情和实践智慧，有效创设资源优化、功能强大、机制有力的区域教育实践动力系统，着力提升区域教育的内涵品质。

一、高品格主题德育培育工程

注重主题活动课程化建设。在全区中小学开展以民族精神、公民素养和现代文明为主题的系列教育活动，将主题活动纳入学校校本课程，体现层次性和阶段性，持之以恒，形成传统。要把社会主义核心价值体系教育融入到教学当中，实现课程育人。

注重实践活动实效性建设。发挥素质教育的中心作用，建设区域实践活动课程体系，提高社会实践针对性；发挥10个中小学德育基地的作用，开展实效性强的社会实践活动，构建学校、家庭、社会三位一体的德育网络，把中小学德育工作融入到社会实践当中，实现实践育人。

注重学生社团建设。大力倡导学生自发成立各种对个人和学校发展有益的社团组织，引导学生确立正确的价值取向和发展目标，培养学生自主管理、自我发展、融入社会的能力，让社团成为学校精神文明建设的一支重要力量。把德育工作融入到学校管理和校园文化建设当中，实现管理育人、环境育人。

注重心理健康教育。开展系列心理健康讲座、辅导等活动，用好心理咨询室和活动室，关注学生的个性特点，引导学生保持朝气蓬勃、活力旺盛和积极向上的精神状态。

注重德育队伍建设。开展德育队伍培训活动，发挥仁爱之师和优秀班主任的表率作用，实现全员育人；在德育队伍中深入开展德育科研工作，突出德育工作的科学性和实效性。

二、高品质课堂教学塑造工程

进一步规范办学行为。定期组织对各学校课程开设、作息时间、减轻学生课业负担等方面进行检查，保证各学校都能按规定开展教育教学活动，在规范中提升办学质量。

加强教学常规管理。以精细化管理为抓手，进一步规范和优化教师备课、上课、批改、辅导、教学反思、听课、评课、研究等各环节，切实提高教师日常教学活动的实效。

积极探索多元化高品质课堂教学模式。举办“课堂教学研究月”活动，按学段、学科、内容广泛开展高品质课堂教学模式的研讨、交流、观摩和评比活动，聚焦课堂，向课堂要质量，向课堂要效益。

开展小学、初中、高中学段衔接教学研究。出台学段教学衔接实施方案，通过各学段教师互相听评课、互相研讨、接对研究等方式，推动各学段的有效衔接，提高整体教学质量。

加强对教学质量的监控和评价。充分发挥教学质量监测中心的作用，以教育部基础教育质量监测项目样本区为平台，研究区教育质量评价标准，加大教学质量监控力度，加强教学诊断与指导。加强对中考和高考的分析和研究，全力提高全区中考、高考质量。

三、高品性校本课程开发工程

完善校本课程管理与指导组织建设。成立区校本课程建设审核与指导小组，形成行政牵头，业务指导，学校自主开发的校本课程建设组织网络。

广泛开发校本课程。树立校本课程开发是学校提升内涵和特色的重要因素，着力促进国家主体课程的延展性校本课程的开发和促进学生多元化、个性化发展的校本课程的开发，整合校内外资源，以教师开发为主，社会参与开发，不断完善校本课程体系，丰富校本课程内容。

提高校本课程质量。加强校本课程的审核，强化校本课程实施过程管理，突出区域教育德育特色、科技特色、艺术特色、国际教育特色等方面的课程开发，通过召开观摩会、研讨会、展示会、评优等活动，打造出区域优秀校本课程。

四、高品行教师队伍提升工程

进一步加强师德师风建设。继续培养和树立师德标兵和各种典型，大力宣传先进模范事迹，发挥典型引领作用，加强违规的处罚力度，遏制各种违背师德的行为发生。

进一步加强校长队伍建设。一方面通过定期举办校长、副校长论坛等方式，强化区域内校长的交流、学习和培训，发挥区域名校长引领作用；另一方面建立国内外高端培训基地，采取走出去、请进来等多种形式，对校长进行高端培训。

进一步提升教师专业水平。一是按照“研训一体、校本研修、网络支撑”的工作思路，提高培训的实效性；二是继续开展品牌教师评选活动，充分发挥名师和骨干教师的示范、引领和辐射作用；三是继续实施“小课题”研究，开展全员性“课例创新”研究，让教师在课例研究中提高专业素质；四是强化教师梯队建设，重视年轻教师的培养力度，通过开展青年教师岗位练兵活动等方式，不断提高青年教师的执教能力和水平。

五、高品位学校文化建设工程

继续开展特色学校建设活动，对特色鲜明的学校提供特色教育专项经费，全力扶持其做大做强，创出品牌。

继续培育具有较高品位的校园物质环境和文化软环境，坚持学校师生共建校园文化的建设理念，倡导学校要定期举办读书节、科技艺术体育节等能展示校园文化建设风采的系列活动，做到校园环境建设特色化、课程化。

按照“多元开放，国际融合”的思路，深入实施“十百千工程”，举办英语节、外教进校园等活动，让国际化教育融入学校文化建设中，营造教育国际化氛围。

第二节　推进拓展工程

着眼长远，金州新区实验区还将继续夯实区域教育科研质量提升、区域教育文化品质优化、素质教育实践体系完善这三大基石，全面推进五大拓展工程。

一、多元化办学模式深度推进工程

继续引进部分国际大城市的知名学校与区内教育机构合作，鼓励和引导中外合作办学向高层次、高质量发展。吸纳国际先进的办学理念、管理模式和人才资源，吸收和借鉴国外教育的成功经验，提升区域教育现代化水平。

二、学前教育办园体制创新工程

在政府主导，公办、民办并举的方针下，推进区域学前教育办园体制改革与创新，形成“自主办园、多元发展”的办园格局，促进学前教育的优质普及。

三、职业教育集团化办学模式探索工程

加强宏观调控，利用政策杠杆和市场机制，鼓励企业、职业院校开展多层次、多样化的合作，大力推进“政府引导、市场动作、龙头带动、城乡联姻、校企合作、实现共赢”的职业教育集团化办

学模式，整体化推进区域职业教育优质发展。

四、区域教育信息化服务平台建设工程

以教育信息化服务平台建设为枢纽，构建具有区域特色的教育行政、资源、服务网络系统。促进优质教育资源普及共享，推进信息技术与教育教学的深度融合，实现教育思想、理念、方法和手段全方位创新，充分发挥平台服务教育决策、服务教学、服务学生发展、服务社会的功能，为每一名学习者提供个性化学习、终身学习的信息化环境和服务。

五、区域教育质量监测评估体系完善工程

制定《金州新区义务教育阶段学业水平评价标准》，加强学习过程形成性评价和教师教学过程质量的检测与监控，建立学生学业质量监测与报告制度。

高举科学发展观伟大旗帜，充分依托中国教科院教育综合改革实验区这一优势资源和发展平台，金州新区将继续深化素质教育，大胆探索，勇于实践，满怀信心向着教育均衡化、国际化、特色化和优质化，建设“国内一流、国际知名”的现代化教育强区的目标不断前进！

附　录

大连金州新区教育事业“十二五”发展规划

为全面贯彻落实国家、省、市中长期教育发展规划纲要和《大连市教育事业“十二五”发展规划》，不断提高我区教育现代化水平，满足经济社会发展和人民群众对教育的需求，在认真总结“十一五”时期教育改革与发展基本经验的基础上，按照新区党工委、管委会对教育工作的总体要求，提出我区未来五年教育事业发展规划。

一、基础和现状

金州新区现有各级各类学校644所。公办普通中小学88所，其中高中7所、初中24所、小学57所（含10所村小学），在校学生7.8万人；电大教师进修学校1所；特殊教育学校1所；素质教育中心2所；幼儿园148所，在园幼儿17376人；中等职业学校22所；街道职业学校6所；社区学校189所；民办教育机构176所；

另有驻区高校11所。

“十一五”期间，我区坚持以科学的发展观为统领，统筹城乡教育与各级各类教育协调发展，正确处理教育发展、改革和稳定的关系，着力提高教育发展质量和水平，全区各级各类教育呈现出良好的发展态势，取得了令人瞩目的成绩。

——各级各类教育快速发展，教育水平显著提高。目前全区幼儿入园率为97.7%，小学、初中入学率为100%，残疾儿童入学率为98%，义务教育完成率为97%，初三毕业生全科及格率为62.4%，高中阶段教育普及率为98.3%，高考升学率为94.1%，高等教育毛入学率为76%，新增劳动力平均受教育年限达到14年，农村成人培训、下岗再就业培训达到年10万人次。我区先后荣获了省“双高普九”达标区、全国社区教育实验区、辽宁省社区教育示范区、学前教育达标区等荣誉称号。3所高中晋级为省示范性高中；3所职业学校晋级为国家级重点中等职业学校；3所幼儿园晋级为省示范园。

——教育经费持续增加，财政投入基本保障。财政性教育经费年均增长17.3%，义务教育生均预算内公用经费达到省定标准。非财政性教育经费占教育经费总投入比例达到0.06%，教育投入占财政经常性支出比例达到19.9%，人均公共教育经费达到885元。

——办学条件得到改善，信息化水平不断提高。公办幼儿园、中小学校生均占地面积和建筑面积基本达到国家标准，其中公办幼儿园生均占地面积$16m^2$、建筑面积$12m^2$；小学生均占地面积$19m^2$、建筑面积$7m^2$；初中生均占地面积$26m^2$、建筑面积$10m^2$；高中生均占地面积$58m^2$、建筑面积$26m^2$；公办职业学校生均占地面积$56m^2$、建筑面积$22m^2$。校舍抗震监测工作全面完成，校舍A级标准占8.2%、B级标准占81.6%、C级标准占8.7%。

全区中小学仪器品种配备率为56.21%，件数配备率为57%；图书生均册数高中38册，初中31.7册，小学30册，职业学校31册；教学设备更新率为13.4%；现有微机室147个，有计算机9570台，师机比为高中1∶1，初中1.8∶1，小学1.9∶1；生机比为高中7∶1，初中10∶1，小学10∶1；多媒体教室94个，80%学校实现“班班通”，中小学学籍实现了电子化管理，100%学校图书室实现了电子化管理，教育网络资源库存量达到2.6万G。

——教育结构进一步优化，各级各类教育协调发展。全面普及学前教育。全面落实免费义务教育，城乡义务教育均衡发展水平居全市前列。普通高中办学规模满足需求。中等职业教育内涵建设和服务能力进一步增强。成人教育进一步发展。民办教育在满足多样化教育需求方面发挥了重要的作用。社区教育全面展开，走在了全省的前列，终身教育体系逐步完善。

——教育改革持续深化，素质教育扎实推进。未成年人思想道德建设进一步加强，思想道德素质不断提高。坚持教育质量监测评价工作，课堂教学质量明显提升。校本课程开发与建设基本形成特色，学生良好习惯培养取得明显效果。素质教育实践活动持续开展，学生创新精神和实践能力显著增强。教育综合改革实验工作进展顺利。教育国际化成绩斐然，开办了2所国际学校，有15所学校开展了双语教学、双外语教学实验；先后选派了261名师生赴国外进行文化交流和学习，有12所学校参与国际交流，并与13个国家和地区学校建立了友好关系。

——教师专业发展能力不断增强，队伍水平显著提高。全区现有公办在职教师6023人，其中专任教师5599人，幼儿园专科及以上学历占75%，小学专科及以上学历占92%，初中本科及以上学历占94%，高中本科及以上学历占99.5%，职业中专本科以上学历占93%，全区教师研究生学历占4%；高中专任教师高级职称占总数的44%，初中专任教师高级职称占60%，小学专任教师高级及以上职称占95%。

“十一五”期间，我区教育工作有许多经验值得总结，其中主要经验有：

一是必须坚持教育优先发展。各级党委政府高度重视教育工作，不断加大教育投入，改善办学条件，优化教育资源，完善教育优先发展的体制和机制，在组织上、经费投入上、制度建设上保障教育的发展，突出了教育在区域发展的基础性、先导性、全局性地位和作用。“十一五”期间，全区财政性教育投入比“十五”期间提高了170%，有力地保证了我区各级各类教育的快速发展。

二是必须坚持义务教育均衡发展。实现城乡中小学一体化建设、均衡化发展，不断加大农村学校的投入力度和管理力度，加大城乡教师的交流力度，扎实推进办学设施标准化和教师队伍专业化培训，基本实现了区域义务教育在办学条件、学校管理上的均衡发展。

三是必须坚持教育的科学发展。统筹各级各类教育发展，统筹城乡教育发展，学前教育、义务教育、高中教育、职业教育、成人教育、民办教育和社区教育得到持续、健康、全面、协调发展，国民教育体系和终身教育体系日益完善，教育发展的总体水平走在全省前列。

四是必须坚持教育改革创新。以改革创新提高教育质量、增强教育活力、推动教育事业发展，创新人才培养模式，提高人才培养水平，把改革创新精神贯穿到教育教学各个环节，为我区教育发展提供强大的动力和不竭的源泉。

在总结经验的同时，我们也必须清醒地认识到我区教育在发展过程中还存在不少问题和困难：

——教育发展现状还不能充分满足广大市民对教育高标准、多样化的需求；

——城区教育需要重新调整规划，学校规模需要扩大，大班额问题亟须解决；

——教育经费紧张与教育快速发展需求上存在矛盾，教育投入需要进一步增加，尤其是职业教育、学前教育、社区教育需要加大投入力度；

——教师供需矛盾比较突出，满足不了教育教学工作的需求；教师师德和专业化水平亟待提高；

——教育机制体制和现代教育制度的建立尚不完善，教育管理科学化水平需要提高，教育科研能力需要进一步增强。

以上矛盾和问题必须引起我们的高度重视，并在“十二五”期间着力加以解决。

二、思路和目标

（一）指导思想

高举中国特色社会主义伟大旗帜，以邓小平理论和“三个代表”重要思想为指导，深入落实科学发展观，全面贯彻党的教育方针，大力实施“科教强区”和“人才强区”战略，紧紧围绕金州新区经济社会发展定位，以办好人民满意教育为宗旨，以提高教育质量为核心，以提升教育内涵为重点，全面实施素质教育，全面提升教育均衡化、国际化、特色化发展水平，全力建设国内一流、国际知名的现代化教育强区，为实现金州新区经济社会科学发展新跨越提供人才资源和智力支持。

（二）工作方针

坚持超前发展。优先发展教育事业，切实保证经济社会发展规划优先安排教育发展，财政资金优先保障教育投入，公共资源优先满足教育和人力资源开发需要。

坚持育人为本。遵循教育规律和人才成长规律，更新教育观念，创新人才培养模式，面向全体学生，全面实施素质教育，着力提高学生的社会责任感、创新精神和实践能力，促进学生全面发展。

坚持全域统筹。在区域内更加公平地分配公共教育资源，建立与城乡一体化相适应的教育投入、教育管理、师资队伍和教育质量等保障制度，逐步实现基本公共教育服务均等化。

坚持改革创新。深化教育体制、机制和教学改革，以改革推动发展，以改革提高质量，以改革增强活力，进一步消除制约教育发展和创新的制度性障碍，形成符合教育规律和区域特点的改革与发展思路。

坚持以质图强。树立科学的教育发展观和教育质量观，转变教育发展方式，扩大优质教育资源，建立以质量为导向的管理制度和工作机制，推动各级各类教育办出质量、形成特色、争创一流。

（三）发展目标

1. 总体目标

到2015年，全面实现区域教育均衡化、国际化、特色化，基本建成“国内一流、国际知名”的现代化教育强区，建成学习型社会，率先进入人力资源强区行列。高水平、高质量普及15年教育，建成覆盖城乡的公共教育服务体系，建成比较完善的终身教育体系；形成充满活力、富有效率的教育体制机制；建设一支师德高

尚、业务精湛、结构合理、充满活力的高素质教师队伍；建成区域性国际化人才教育培训基地。

2. 具体目标

（1）教育水平

至2015年，0—3周岁婴幼儿早期教育指导服务普遍开展，3—6周岁儿童入园率达99.8%以上，受教育率达到100%；适龄儿童入学率和巩固率达到100%，义务教育完成率达99%以上，初中毕业生全科及格率达到65%以上；残疾儿童入学率达到99%。高中阶段教育率达到99%以上，高等教育毛入学率达到80%以上。新增劳动力平均受教育年限达到15年；全区从业人员职前培训率达到95%，每年有50%以上的从业人员接受更新知识、提高技能的继续教育。全区90%以上的机关、企事业单位、社区、村镇等建成运作规范、绩效明显的学习型组织。

（2）教育经费

至2015年，每年财政预算内教育经费支出与财政经常性支出同步增长；学前教育经费支出占教育总支出5%；职业教育经费支出占教育费附加30%。职业教育生均公用经费不低于省定标准，并保证义务教育、职业教育生均公用经费逐年提高。社区教育经费达到2元/人。

（3）办学条件

“十二五”期间，全区公办幼儿园的比例达到45%。新建小学25所、初中15所，维修改造校舍50万㎡，中小学班额控制在45人以下，塑胶操场覆盖率达95%以上。高标准建设中小学素质教育活动中心；建成1所高职学院。

至2011年全区中小学、职业学校“班班通”覆盖率达到

100%，至2015年全区公办幼儿园“班班通”覆盖率达到80%，社区学校多媒体教学设备覆盖率达到100%，区域教育资源库存量达到10T，每所学校校本资源库存量达到1T左右，100%学校建成高标准、高水平数字化校园，100%学校建成校园网站。

中小学仪器设备品种和件数配备率均达到95%以上，中小学图书配备率达到省定标准，100%的高中达到省级示范性高中标准，建成1所高职学院，2所职业中专进入国家中等职业学校改革发展示范校行列，2所幼儿园达到省级示范园标准。

（4）师资队伍

至2015年全区中小学干部研究生学历学位达到20%，区级以上名校长比例达到50%，培养出一批在全市知名的优秀校长和一定数量在全省乃至全国有影响力的专家型校长；100%的校长能熟练掌握现代化教育管理技能；100%的校长能独立承担市级以上科研课题，50%的科研成果达到优秀；80%的领导班子达到一流建设标准。

至2015年幼儿专任教师专科及以上学历达到90%，义务教育专任教师本科及以上学历达到90%，高中教师研究生学历达15%，职校教师本科学历达到95%以上，“双师型”教师比例达到90%以上。培养出100名科研带头人和100名学科带头人。区级以上骨干教师比例达到22%；师德合格率达到99%以上；100%的教师能熟练运用现代教育信息手段开展教育教学活动。全区幼儿教师接受继续教育率达到98%，中小学教师接受继续教育率达到100%，职业学校教师接受继续教育率达到100%。

三、主要任务

（一）实施学前教育高位普及发展

坚持政府主导，完善公办、民办并举的体制。加强幼儿园的规

划与建设，逐步扩大公办幼儿园的比例，将新建小区配套幼儿园纳入公共教育资源统筹管理。加强街道公办幼儿园建设，解决独立建制、教师编制和基本待遇问题。设立学前教育专项经费，积极推进幼儿园设施标准化建设，2012 年前，公办性质幼儿园全部实现财政保基本的发展目标。建立城镇低保和涉农特困家庭儿童学前教育支助制度，逐步推行学前一年免费教育。

规范管理学前教育，促进教育均衡发展。建立科学、规范、行之有效的幼儿园管理和评价机制，严格执行收费标准，规范收费行为。建立幼儿教育区域联动机制，发挥各级示范幼儿园对薄弱园的示范和辐射作用，形成以名园带民园联盟发展形势，促进区域学前教育的均衡发展。创新幼儿园教师与保健教师培养与培训机制，实行保教人员持证上岗制度。

深化幼儿教育教学改革，全面提高保教质量。确立以儿童发展为本的办园理念，突出素质启蒙教育，推动幼儿园内涵建设与特色发展。加强园本课程开发与研究，探索有益于儿童身心发展、丰富多样、富有创意的学前教育活动，创设儿童“做中学”、“玩中学”的教育环境，促进儿童健康发展。规范各类幼儿园的课程设置和教育活动，坚决制止学前教育“小学化”倾向。

（二）推进义务教育优质均衡发展

坚持公平、优质、全纳的工作原则，高标准、高质量均衡发展义务教育。提高每一所学校的办学水平，关注每个学生的学习和发展需要，全面提高义务教育质量，全面实现全域义务教育优质均衡发展，确保适龄儿童、少年接受优质的义务教育，为学生的终身发展奠定坚实基础。

均衡配置义务教育资源。完善城乡一体化义务教育发展机制，在财政投入、学校建设、师资调配等方面进一步向相对薄弱学校倾斜。适应全域城市化发展需要，编制并实施中小学校建设规划，加大校舍建设力度，“十二五”期间，计划新建40所学校，维修改造校舍50万㎡。按照“统一标准、统一采购、统一配备”的原则，依据辽宁省新调整的教育教学仪器设备配备标准，配齐中小学校仪器设备。积极推进名校办分校、学校联盟、对口合作、委托管理等改革试点。积极推进“小班化”教学。积极争创“大连市义务教育均衡发展示范县区”，到2015年底，全面实现城乡义务教育优质均衡发展。

保障适龄儿童的受教育权益。坚持政府负责、公办为主，确保每一名适龄儿童按时入学并完成学业，彻底消除义务教育阶段辍学现象。完善流动就业人口随迁子女受教育的保障机制，建立健全政府主导、社会参与的农村留守儿童关爱服务体系、动态监测机制，完善扶贫助学基金制度，在落实“两免一补”政策基础上，进一步扩大适龄儿童享受免费义务教育的项目。

全面提高义务教育质量。深化义务教育课程改革，完善课程体系，改进教学方法。严格执行义务教育国家课程标准，加强地方课程和校本课程建设，着力培育和打造一批课程实施和教学改革特色学校。制定《金州新区义务教育阶段学业水平评价标准》，加强学习过程形成性评价和教师教学过程质量的检测与监控，建立学生学业质量监测与报告制度，每年形成一份区域教育质量年度报告。实施有效课堂教学，突出学生的主体地位，引导教师积极开展教法、学法的研究和实践，探索建立适应学生身心特征和课程要求的有效教学模式与教学方法，培养学生的学习兴趣、创新思维和实践能力。要重点关注学习有困难的学生，切实使每一名学生合格完成义务教育。

（三）促进普通高中优质特色发展

坚持协调、优质、特色发展，满足学生对优质高中和高中教育多样化的需求，建立科学的评价激励机制，推进普通高中多样化、特色化发展，全面提高教育质量。到2015年，全区高中100%达到辽宁省示范性高中标准。

创新办学思路，推动普通高中多样化发展。鼓励各高中发展科学教育、艺术教育、外语教育、体育教育等特色，引导学校大胆进行办学特色改革实验，开展特色学校评选活动，打造特色高中品牌。

全面提高学生综合素质。深化高中课程改革，加强选修课和校本课程建设，为学生全面而个性发展提供更多选择。关注学生的个性差异，发展学生的优势潜能，推行分层教学、走班制、学分制、导师制等教学管理制度。强化学生综合素质评价，建立和完善科学的教育质量评价体系。探索建立学生发展指导制度，加强对高中学生的理想和学业指导、生活和行为指导、心理辅导等服务工作。创新优秀学生培养模式，积极开展研究性学习、社会服务和社会实践活动，充分利用“大连市高中学生实践创新基地”、驻区高校等优质资源，开展各种类型的实践活动，提高学生的实践创新能力，为创新型人才的成长奠定基础。

（四）实现职业教育创新联动发展

进一步完善职业教育体系。建立市场需求与劳动就业紧密结合，学校与企业双向介入，职前教育和职后培训并举，结构合理，功能多样的现代职业教育体系。加强机制体制创新，重点发展中等职业教育，推行学历教育与职业培训并举，全日制与非全日制并重，实现职业教育高水平发展。构建职业教育与普通教育、中等职业教育和高等职业教育课程、培养模式和学制贯通的“立交桥”，打通技能型人才深造发展通道。完善职业教育支持政策，逐步实行中等职业教育免费制度。

整合职业教育资源，合理规划布局，统筹职业教育联动发展。大力推进“政府引导、市场动作、龙头带动、城乡联姻、校企合作、实现共赢”的职业教育集团化办学模式，强化校企合作，构建以专业为纽带，以企业为依托的职业教育集团，“十二五”期间，要建设3—5个综合性实训基地和6—10个专业性实训基地。

培育优质职业教育资源，调整职业教育专业结构，适应新区现代制造业和现代服务业等产业发展需要，建设一批为新区重点行业服务的骨干专业，重点打造特色专业和品牌专业。“十二五”期间，要建成1所高职院校、2所中职学校进入国家中等职业学校改革发展示范学校行列。

加快技能型应用人才培养。围绕市场需求和就业需求，全区中等职业学校在校生保持在30,000人以上，年招生保持在10,000人以上。每年向社会输送10,000名以上技能型应用人才，基本满足全区经济和社会发展的需要。

广泛开展各种职业培训。每年培训在职人员20,000人次，培训农村劳动力、进城务工人员15,000人次，各行各业技术工种从业人员年参加职业培训的人数达到劳动力总数的50%以上，新增劳动力接受职业教育和培训的人数达70%以上。

提高职业教育质量。全面推行“做中学、做中教”等人才培养模式，强化学生技能训练。定期开展教学质量评估，把毕业生的职业道德、职业能力、就业质量和用人单位满意度作为考核职业学校工作的主要指标。积极推行职业资格证书制度和劳动就业准入制度，落实“先培训、后就业”、“先培训、后上岗”的政策规定。

（五）促进继续教育多元协调发展

以加强人力资源能力建设为核心，广泛开展城乡社区教育，加强各类学习型组织建设，基本建成“人人皆学、处处可学、时时能学”的学习型社会。

完善市民终身学习公共服务设施建设。完善以社区学院为龙头、街道社区学校为骨干、社区内各种教育机构为基础的社区教育三级网络。鼓励和支持全日制学校、企事业培训中心、社会办学力量等教育资源向社会开放，各类学校特别是驻区高校要逐步开放课程和文化资源，逐步做到图书馆、博物馆、科技馆、青少年宫等公益性文化设施向市民免费开放。建成区域性数字化社区终身教育平台。

提升各类学习型组织创建水平。完善党员干部学习培训机制，建设学习型党组织；围绕提高依法执政能力和服务水平，健全促学机制，创建学习型机关；以增强企业自主创新能力和持续发展能力为核心，深化学习型企业创建工作；结合“文明社区”、“五好家庭”等活动，创建学习型社区和学习型家庭；以科技兴农、知识富民为重点，围绕解决好“三农”问题，开展学习型村镇建设。

建立市民终身学习的激励和保障机制。建立“学分银行”、“个人学习账户”，完善教育培训服务供给机制，进一步扩大政府购买“培训”的力度，为转岗、待岗社会人员提供服务。出台鼓励企业投资教育的优惠政策，企业职工培训经费应不低于员工工资总额的1.5%，企业培训经费的1/3直接用于一线职工的岗位技能培训。拓宽资金渠道，运用财政、金融、税收等政策杠杆，鼓励非学历教育培训机构承接终身教育和社区教育任务。深入开展争创“国家级社区教育示范区”、“全国新型农民培训先进县”和“农村职业教育先进县”等活动，以评促学，以创促建，调动全民参与继续教育的积极性。

（六）保障特殊教育全面健康发展

完善特殊教育体系。各级各类学校要积极创造条件接收残疾人随班就读。推进特殊教育与普通教育相融合。促进残疾学生与正常学生融合。积极抓好残疾儿童学前教育，全面提高残疾儿童义务教育办学水平，大力推进残疾人职业教育，创造条件扩大残疾学生接受高等教育的机会。

根据残疾学生不同特点，制定个别化教育计划，建设相应的课程体系。对学习有困难或有其他原因影响学习的残疾学生，给予更多的关心和帮助，提升随班就读质量，切实保障残疾儿童、青少年接受教育的权利。

健全特殊教育保障机制。增加特殊教育投入，切实改善特殊教育学校办学条件，建设特殊教育学校康复中心，探索建立学前残疾儿童早期干预和康复体系。实施关爱特殊教育学生行动，对特殊教育学校的残疾学生实施全免费教育。

四、重点工程

为了保证未来五年金州新区教育各项发展目标的实现和主要任务的落实，以加强薄弱环节和关键领域为重点，主要启动以下六项工程。

（一）素质教育推进工程

坚持德育为先。立德树人，把社会主义核心价值体系融入教育全过程，加强学生思想道德教育、社会责任感教育、社会公德教育、职业理想教育和文明习惯养成教育，培养学生勇于探索的创新精神和善于解决问题的实践能力，引导学生树立正确的世界观、人生观、价值观。把德育渗透到课堂教学、教育活动、社会实践、校园文化的各个环节。创新德育形式，丰富德育内容，健全家庭、学校、社区三位一体的德育工作网络，强化全员育人、全方位育人、全过程育人，构建中小学、幼儿园、小学、初中、高中有效衔接的德育体系，不断提高德育工作的吸引力和感染力，增强德育工作的针对性和实效性。积极做好职业学校德育工作，把思想道德教育融入学生专业学习，渗透到教学、实习和社会服务各个环节，强化学生职业道德、心理健康等方面教育，不断提高学生的综合素质。

坚持全面发展。促进德育、智育、体育、美育有机结合。坚持文化知识学习与思想品德修养的统一、理论学习与社会实践的统一、全面发展与个性发展的统一。建立健全学校体育卫生工作机制，全面实施“阳光体育”，增强学生体魄，培养学生重视体育锻炼和健康生活的良好习惯。加强艺术教育，推进高雅艺术进校园，培养学生的审美情趣，提高学生感受美、鉴赏美、创造美的能力。重视心理健康教育，培养健全人格。

加强素质教育基地建设。积极建设“实施素质教育示范学校”，鼓励学校在先进教育理念指导下，积极主动开展学校发展与改革实验。加强中小学素质教育活动中心建设，完善素质教育基地功能，研制素质教育基地活动的《课程标准》及教学模块，统一规划课程，实施考核评价，全面提高基地课程的实施质量。全面提升学生综合素质。开展科技教育，培养学生科学精神，教育学生学会动手动脑，提升科学素养。

（二）教育国际化拓展工程

拓展教育国际交流合作领域。加强学前教育、基础教育、职业教育、社区教育与国外教育科研机构开展教育教学和科研交流与合作。加强国际理解教育，增进学生对不同国家、不同民族、不同文化的认识和理解，拓展学生的国际视野和跨文化沟通能力。支持高端学术活动和面向学生的国际教育交流项目，积极举办和参加国际高水平学术会议和教育论坛，提升金州新区教育的国际知名度。

搭建教育国际交流平台。秉承"多元开放、国际融合"的理念，引进国际先进的办学理念、管理模式和人才资源，吸收和借鉴国外教育的成功经验，提升我区教育现代化水平。吸引部分国际大城市的知名学校与我区教育机构合作，鼓励和引导中外合作办学向高层次、高质量发展。

建立与先进国家地区、学校的友好交流关系。选派更多的校长、教师和学生出国考察、进修、培训，加强国际理解和跨文化教育，建设一支适应教育国际化要求的教师队伍。全面实施"外教走校"活动，扩大双语教学规模和范围。完善IB国际课程建设，提高国际化课程比例。积极引进国际优质教育资源，培养高素质国际化人才，提升金州新区教育的国际影响力、竞争力和吸引力。

（三）教育信息化建设与应用工程

加强教育信息化基础设施建设。到2012年，全区中小学、职业学校"班班通"覆盖率要达到100%。至2015年全区公办幼儿园"班班通"覆盖率达到80%，社区学校多媒体教学设备覆盖率达到100%，区域教育资源库存量达到10T，每所学校校本资源库存量达到1T左右，全区100%学校建成高标准、高水平数字化校园。按照省定标准配齐师生计算机，使初中、小学生机比达到9∶1，高中生机比达到6∶1，师机比达到1∶1，加快学校计算机的更新换代，充分满足教育教学需求。完善信息化工程技术支持服务体系，保证学校教育网络畅通和安全。加快金州新区教育信息网的升级改

造，构建具有金州特色的教育行政、资源、服务网络平台。学校网站建设率达到100%。

加强学校信息技术设备管理与应用，健全信息设备使用、管理和维护制度，切实提高管理水平和使用效率。加强信息技术业务培训，使每一名教师都能运用现代化的信息技术设备开展教育教学活动，不断提高教育质量，提升区域教育整体水平。加快学校管理信息化进程，促进学校管理标准化、规范化。

（四）教育文化建设工程

教育文化是教育活动的潜规则，是教育物质文化和精神文化的综合体，其本质在于唤醒受教育者的个人意识，使受教育者获得主动追求理想价值的意志。

更新办学理念，用先进的理念来引领教育发展。更新教育的价值观，牢固树立为学生终身发展服务的理念；要处处、事事、时时从发展、成长的角度去关注学生，办好为学生终身发展奠基的教育。更新人才培养方式，牢固树立改革创新的理念；注重培养学生思考问题、分析问题、解决问题的能力，鼓励学生开阔思路，创新思维，独立思考；积极倡导启发式、讨论式、探究式教学。更新教学观，牢固树立以学生为本的理念；激发学生学习的欲望，调动学生自主学习的兴趣；公平对待每个学生，不放弃每名学生。更新教师职业观，牢固树立敬业奉献的理念；引导教师以开阔的胸襟、远见的卓识和崇高的责任感，去推动教育发展，在创造性教育实践中，实现自身的职业价值。

加强校园文化建设，用优秀的文化来推动教育发展。创设校长文化、教师文化、学生文化，通过课堂教学、校本课程、学生活动彰显学校文化内涵。积极培育和谐的校园文化，充分发挥校园文化的育人功能，使校园一草一木、一墙一画都成为校园文化的载体；通过开展“月月有主题”等形式多样的德育、文体活动，推动积极向上、充满活力的校园文化氛围的形成，要通过文化唤醒学生的求知意识。进一步加强制度文化建设，推进民主管理规范化，健全学校民主议事、校务政务公开和教师绩效考核等制度，以完善的制度促进校园文化发展。

坚持特色兴教，提高区域教育整体水平。以特色学校创建为牵动，实施“特色兴教、特色兴校”战略，增强学校品牌意识，逐步形成课程改革、教育管理、教育国际化、艺术教育、体育等方面优势明显的学校特色，优化校园人文环境和自然环境，丰富校园文化，形成有利于学生身心发展的校园氛围。

（五）教育科研先导工程

以全国教育综合改革试验区为依托，以先进的教育理论为指导，紧紧围绕教育改革与发展的重难点问题，整体推进区域性教育科研，重点加强对教育内涵发展、文化建设、学校特色建设、良好习惯培养等专题研究，扎实推进教育部基础教育质量监测样本区实验项目，逐步形成从学前教育到高中阶段教育比较完善的科研体系，推动区域教育持续健康快速发展。

促进教育科研和学科教研相结合。加强对教育科研的引导，切实转变教育科研只研究“教”、不研究“学”的观念，把教育科研同学科教研结合起来，发挥理论研究对教育教学实践的指导作用，运用教育科研成果推动教学研究，建立起教育科研指导学科教研、教学实践推动教育科研的机制，使教学研究真正成为教育改革与发展的推动力量。

完善教育科研组织网络、管理网络、课题网络，明确教育行政部门、进修学校和基层学校各自的职能，层层落实责任，增强干部教师教育科研意识，提高干部教师教育科研能力，充分发挥教育科研对教育教学工作引领和带动作用。将教科研成果作为评价名校长、名教师、名学校的必备条件。

（六）人才强教建设工程

健全师德建设长效机制。坚持把师德建设摆在教师队伍建设的首位，加强教师职业理想和职业道德建设，把师德教育纳入教师继续教育的必修内容，将师德表现作为教师考核、聘任（聘用）和评价的首要内容，建设一支充满爱心、爱岗敬业、学为人师、行为世范的高素质教师队伍。

进一步完善教师专业成长机制。以提高教师专业水平和能力为重点，完善中小学教师、干部培训体系，实施全员统一培训和自选式、“菜单式”培训相结合。加强对青年教师的培养，继续开展“青蓝工程”和“名师带高徒”活动，切实提高队伍的整体水平。提高职业学校教师专业教学与实践能力，提高“双师型”教师比例；逐步实行教师到企业实践和企业专业技术人员到校任教的双向交流制度。实施名师培养工程，继续实行“教坛新秀、区骨干、市骨干、区名师、省特级教师”五梯次培养评选制度，建立名教师、名校长工作室，培养一批在全市乃至全省知名的教育专家和学科专家。进一步加强进修学校建设，制定并实施培训者培训计划，提高研训教师专业化水平。

加强干部队伍建设。建立高端校长培训基地，通过各种有效的手段，着力打造一支高素质的校长队伍。探索校长任职资格制职级制，建立校长进课堂制度和常规化培训制度，提高其执行政策、科学管理学校的能力。积极做好年轻干部选拔培养工作，把优秀的年轻干部推到合适的工作岗位，保证教育事业持续健康发展。

创新人事管理机制。全面实施新任教师公开招聘制度，严把教师准入关。创新教师考核制度，建立多元评价机制，健全教师奖惩制度，充分调动广大教师的积极性和创造性，激发教师的工作热情。继续实施干部、教师交流制度，推动人才周期性流动，实现区域内合理配置教育人才资源。开通职业教育高技能师资引进的“绿色通道”，聘任（聘用）具有实践经验的专业技术人才担任专职教师。加强特殊教育师资队伍建设，完善特殊教育教师津贴制度。

五、保障措施

（一）切实加强党的领导，强化政府教育行为

党委、政府要切实加强对教育工作的领导，把教育放在优先发展的战略地位，把教育纳入区域战略发展重点和现代化建设的整体布局之中，确保教育优先发展。要建立教育联席会议制度，健全党政主要领导抓教育的目标管理责任制，形成党委政府统一领导、各部门紧密配合、社会各界广泛参与的工作格局。发展改革部门在制定经济和社会发展规划、编制年度计划时，要优先考虑教育事业发展；财政部门要完善教育经费的保障机制，依法保证教育投入；规划、建设、国土部门要统筹安排学校建设布局和用地；人事部门要为优秀教师脱颖而出创造有利条件；公安、消防、交通、综治等部门要为打造平安校园提供保障；新闻宣传部门要加强宣传我区教育改革与发展成就，营造教育发展的良好氛围。要调动社会各方面的力量，全民、全程、全方位地实施“科教兴区”战略，形成全社会关心支持教育的良好氛围，为我区全面实现教育现代化创造良好的社会氛围。

（二）加大教育投入力度，落实教育优先发展战略

以政府投入为主渠道，增加教育投入。落实义务教育“三个增长”的法定要求，保障义务教育公用经费足额按时拨付到位。足额征收教育费附加，专项用于教育事业发展。探索制定并逐步提高区域内学校学生人均经费基本标准和人均财政拨款基本标准。健全各种资助政策体系，对各级各类教育家庭经济困难学生接受教育予以资助。建立校舍建设、校舍维修、教师培训、班主任津贴、学前教育等教育专项资金，保障正常教育教学秩序。到2015年，全区预算内教育经费占财政支出的比重达到25%以上。依法提高教师的待遇，充分调动广大教师的工作积极性。

加强教育经费使用监管。加强对公共教育经费使用的监管，实现公共教育财政支出预算公开化、透明化。加强教育专项经费投入的绩效评价，逐步使其制度化，提高教育经费使用效益。完善学校收费管理办法，规范学校收费行为和资金管理。

（三）深化教育体制机制改革，激发办学活力

深化办学体制改革。政府承担对国民进行义务教育的全部责任，保障均等化和标准化的教育服务覆盖所有城乡居民。探索公办学校办学体制改革，增强公办学校的活力。改善民办教育发展的政策环境。探索建立民办学校风险保证金制度，建立民办学校办学风险防范、变更、退出机制和信息公开制度，逐步形成民办学校危机预警和干预机制。建立专项资金，用于资助民办学校的发展，奖励和表彰有突出贡献的集体和个人。探索建立现代学校制度，完善学校内部治理结构，探索构建政府主导、校本管理、社区参与的治理体制和机制。

（四）强化教育督导，完善评价机制

进一步完善教育督导制度，健全督导机构，坚持督学与督政相结合、监督与指导并重，进一步提高督导队伍专业化水平；强化督导职能，充分发挥教育督导的监督、检查、评估和指导作用，确保各级政府教育职责的落实，确保教育优先发展。要以教育的现代化建设督导评估为牵动，推动现代化教育强区建设。全面加强学前教育、义务教育和高中阶段教育的督导，组织开展各类专项督导检查，积极推动教育质量督导检查，完善督导检查结果通报制度和限期整改制度。

（五）加强教育法治建设，依法行政、依法治教

推进依法治教、依法治校。深入推进依法行政，落实行政执法责任制，及时查处各类教育违规违法办学行为，建立规范教育秩序的长效管理机制。全面推进依法治校，建立完善学校章程及制度建设，促进学校正确行使办学自主权，保障教职工和学生的合法权益。开展普法教育，推广依法治校示范校模式。

加强教育系统党的建设。坚持社会主义办学方向，把全面贯彻党的教育方针、培养社会主义建设者和接班人贯穿学校党组织活动始终。重视学校工会、共青团、少先队和学生会工作。加强教育系统党风廉政建设和行风建设，健全教育、监督、惩治相结合的预防和惩治腐败体系。

切实维护教育系统安全和稳定。加强和改进学校思想政治工作，注重人文关怀，及时排查、化解矛盾和纠纷，实现人际关系的和谐发展。深入开展平安校园创建活动，强化学校安全教育和安全管理，落实人防、物防、技防等措施，提高学校、幼儿园防范能力。加强学校、幼儿园周边治安综合治理，完善联合执法机制，积

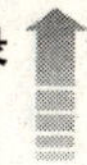

极开展学校、幼儿园周边安全隐患排查整治，严厉打击侵害师生人身财产安全的案件，维护校园安全稳定。继续实施中小学校舍安全工程，把中小学校舍建设成为“最坚固、最安全、家长最放心的地方”；根据《中小学校舍安全工程实施项目规划》，按照“突出重点、分步实施”原则，到2011年底，完成全区学校校舍安全工程三年加固改造任务。确保新建、改建、扩建校舍达到重点设防类抗震设防标准。

六、组织实施

此规划是指导新区未来五年教育改革发展的纲领性文件，要确实健全实施机制、明确目标任务、落实工作责任，完善监督考核，有效推进《规划》的贯彻落实。

（一）健全实施机制

在党工委、管委会统一领导下，按照《规划》部署和要求，分工负责。各有关部门要结合职能，在实际工作中落实好相关任务，把《规划》的目标和任务与部门年度工作计划相结合，保证各项目标、任务和措施落实到位。

（二）营造良好环境

加大对《规划》的宣传力度，增强各级政府和社会优先发展教育的责任感和使命感，动员全社会支持教育改革与发展，为新区教育实现科学发展新跨越营造良好的社会环境和舆论氛围。

2009 年度金州新区实验区工作计划

一、指导思想

认真贯彻落实科学发展观，以办人民满意的教育为宗旨，全面实施中国教科院教育综合改革实验区的战略构想，积极探索“区所共建，整体推进，科研引领，创新发展”的工作模式，按照《中国教科院与大连开发区管委会教育综合改革实验区合作协议》的目标要求，突出科研服务，谋求理论创新，推进区域实践，高质量、高水平地完成大连开发区教育综合改革实验区的工作任务。

二、总体思路

以“多元开放，国际融合”为发展理念，以全面提升教育质量为根本目标，挖掘开发区教育改革的先进典型，提炼开发区实施素质教育的成功经验，科学规划开发区教育发展，全力推进开发区“争创全国一流教育强区”战略的实施，使开发区教育率先进入全国同类城区的先进行列，成为与国际先进教育接轨的先行区。

三、工作目标

2009 年为大连开发区实验区工作的起始年。专家组将以调研为基础，以规划为核心，以特色为主题，以质量为导向，以机制为抓手，全面了解开发区教育现况，深刻剖析开发区教育发展中的问题，总结提炼开发区教育和学校特色，科学制定开发区未来三年教育发展规划，为全面推进实验区工作奠定基础。

四、重点工作

根据 2009 年全年工作目标，围绕“调研”、“规划”、“特色”、“质量”、“机制”五个主题词，拟完成以下五个方面重点工作。

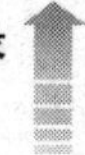

（一）深入开展开发区教育调研

1. 专家组将深入开发区全部45所公立中小学、幼儿园、职业学校进行重点调研，了解各学校发展现状、办学特色、教育优势和创新举措，掌握各学校的改革需求、发展意愿和问题困惑，发现挖掘先进典型，总结提炼成功经验，形成《开发区学校发展状况调研报告》，为制定开发区教育规划、申报国家级和省市级课题、推进学校特色发展提供对策建议。

2. 深入管委会相关职能部门、社区、企业调研，以重要人士访谈、座谈会及问卷调查等形式，全面了解社会、民众对开发区教育发展的需求与期盼，形成开发区教育发展整体状况调研报告，为实验区工作提供真实、可靠和有针对性的现实依据。

3. 根据开发区教育规划制定工作的进度，开展全区教育普查，以及教育投入、区域教育质量和水平、课程教学改革、教师队伍建设、信息技术应用、各级各类教育、涉农地区教育等专项调研。

（二）启动开发区教育发展规划的制定工作

1. 11月中下旬，正式启动开发区教育三年发展规划制定工作。组建规划领导小组和工作机构，召开规划工作动员大会，制定规划工作方案。规划将总结分析开发区教育发展现状，研究制定开发区教育发展的指导思想、战略目标、重点工程、保障措施。

2. 以开发区教育三年发展规划为主体，同时启动教育分规划和学校发展规划工作。拟将2010年定为开发区教育规划年。

（三）系统总结提炼开发区教育特色

1. 分析在大部制机构改革的框架下开发区教育管理体制改革的特色和优势，完成相关专题报告，提交上级有关部门。

2. 研究开发区基础教育国际化实践，具体包括开发区英语教学、双语教学、跨文化教育、国际学校办学、教育国际交流等情况，完成《大连开发区基础教育国际化调研报告》。

3. 布置“开发区教育特色发展丛书”的编写工作，总结开发区学校特色发展的经验和做法，积极探索品牌学校、特色学校和潜势学校等不同类型学校特色发展的策略和模式。

4. 以开发区一中和八中高中特色发展课题为载体，形成若干个科研协作体，大力探索有开发区特色的科研引领学校特色发展的途径和手段。

5. 通过《人民教育》《中国教育报》《教育研究》《中国德育》等国内主流新闻媒体，积极宣传开发区教育改革创新和特色发展的经验，扩大开发区教育的社会影响。

（四）积极探索开发区教育质量评价体系

1. 认真研究和适当引进中小学考试评价和学生学业成就测量工具，逐步建立开发区基础教育质量监测体系，在高水平推进开发区义务教育均衡化的基础上，全面提高开发区的整体教育质量。

2. 尝试建立增值性学校效能评价体系，不断提高各级各类学校的办学水平和办学效益，逐步形成教育特色和优势，日益提升学校核心竞争力。

3. 加强教师评价研究，以提升教师职业精神、专业素养和教学技能为目标，克服教师职业倦怠，全面监控和评价教师的教育教学过程和专业发展水平。

（五）逐步探索开发区实验区工作机制

1. 科学规划机制。分年度、分阶段对实验区各项工作进行统筹规划，科学设计，周密部署，保证实验区整体工作扎实有效地开展。

2. 专题研讨机制。以科研引领、理论提升为核心，定期召开专题工作研讨会，充分论证实验区的各项工作。

3. 决策参与机制。参加开发区的重要教育会议，积极参与开发区的重大教育决策，为开发区教育改革与发展提供智力支持。

4. 请示报告机制。建立实验区工作简报月报制度，重要事项请示报告领导小组，请教咨询顾问小组，以取得领导支持和专业支撑。

5. 分工合作机制。工作小组合理分工，各司其职，团结协作，追效问责，充分发挥专家的团队力量和个人专业特长，确保工作质量。

6. 信息联络机制。开发区各学校和直属单位确定一名信息联络员，建立专门联络渠道，确保信息畅通。

7. 团队提升机制。坚持调查、研究和学习相结合，不断加强学习，提高理论素养，提升专家团队的教育科研服务能力。

8. 人才培养机制。吸收开发区科研骨干人员进入工作小组，协助专家组开展工作，借助实验区工作平台，培养高素质教育科研队伍。

五、时间安排（略）

六、保障措施

（一）加强领导

依托中国教科院和开发区管委会的领导力量，成立实验区工作领导小组，由所领导和管委会领导任组长，全面领导实验区的各项工作。就实验区工作的重要问题，相关工作机构要及时请示，定期汇报，保证领导小组及时全面了解实验区各项工作的开展情况和成效，把握实验区工作的发展方向和思路。

（二）健全机构

依托中国教科院强大的科研后盾，由所内、国内知名专家学者组成顾问小组，科学指导实验区的各项工作；凝聚中国教科院专家组和实验区教育卫生局的集体智慧，由专家组成员和教育卫生局相关人员组成工作小组，具体实施实验区的各项工作。

（三）科学考核

为全面、科学评价实验区各项工作的进展和成效，保证实验区工作扎实、有效开展，拟构建以下十个方面的评价指标体系。

1. 典型经验见报率。高位总结提炼开发区教育的先进典型经验，争取有更多的文章、通讯在《中国教育报》《人民教育》等主流报刊以及国家、省、市、区相关媒体上发表或报道，持续扩大开发区教育的知名度。

2. 领导干部登台率。以中国教科院为依托，力争为开发区主管教育领导和教育行政部门领导提供更多的交流机会，介绍开发区教育的发展理念、特色和先进经验。

3. 优秀校长涌现率。推举更多的开发区优秀校长参加国家级培训，参与国内外学术会议，交流开发区学校的办学特色和先进经验，并吸收借鉴国内外的先进教育理念。

4. 名优教师成长率。与开发区教师进修学校通力合作，通过开设高水平的教师专业发展研修班，开发高质量的教师专业发展培训课程，快速提升教师的专业技能、理论素养和科研水平。

5. 特色学校推广率。深度挖掘开发区每一所中小学的办学特色，并对其精确定位。为学校未来的特色发展提供可行性建议，催生更多的特色学校发展壮大。

6. 各级课题立项率。指导开发区教育科研机构和学校申报各级各类科研课题，力争有更多的申报课题获得立项；全程指导重要课题立项单位高水平、高质量地完成课题研究，力争有更多的课题研究成果获奖。

7. 科研成果发表率。指导开发区教育科研机构和学校总结提炼研究成果，撰写、完善各类研究论文和著作，力争有更多的科研成果公开发表、出版。

8. 学术会议举办率。以中国教科院为依托，筹划、指导开发区举办更多高水平的国际、国内教育学术会议，为开发区的教育科研人员、校长、教师提供更多的交流学习机会，持续提升开发区教育的影响力。

9. 经验学习观访率。以中国教科院为依托，组织各类国内外代表团赴开发区，学习观访开发区教育的先进理念、典型经验和成功做法。

10. 社区民众满意率。利用开发区的各类媒体，持续跟踪报道实验区工作的进展和成效，引导广大民众关注实验区教育综合改革和开发区教育事业发展，吸收采纳民众的合理化建议，不断完善实验区各项工作，力争办人民满意的教育。

2010 年度金州新区实验区工作计划

一、指导思想

高举科学发展观旗帜，以教育优先发展、办人民满意教育为指导，结合开发区教育实际，学习贯彻《国家中长期教育改革和发展规划纲要》，全面实施中国教科院教育综合改革实验区“所区共建，整体推进，科研引领，创新发展”的战略构想，整合资源，发挥优势，形成特色，提高质量，促进开发区教育的均衡、优质、特色发展，为开发区社会经济建设提供教育服务和智力支撑。

二、总体思路

立足开发区社会经济发展的新情况、新目标，针对开发区教育发展的新问题、新特点，以科学制定开发区“十二五”教育规划为核心，以探索教育体制机制创新为重点，以发挥教育优势促进特色发展为主题，积极探索中国教科院教育综合改革实验区“资源共享、形成机制、区际联动、整体发展”的工作机制，全面深入地推进开发区实验区的各项工作。

三、工作目标

1. 全面深入了解开发区教育现况，深刻剖析影响开发区教育发展的重要因素，按照“一强两先”的发展目标，科学制定开发区“十二五”教育规划。

2. 针对制约开发区教育发展的体制机制问题，以重大课题为牵动，深入开展教育科研，力争在教育体制机制创新、教育国际化、区域名师团队建设等方面有所突破。

3. 围绕“均衡化、优质化、国际化、特色化”的战略主题，切实有效地开展教育综合改革实验，高位提炼先进经验，稳步提升教育优势，实现开发区教育的增量、提速和特色发展。

四、工作重点

2010年是大连开发区教育综合改革实验区夯实基础、承前启后、优态发展的重要年份，中国教科院专家组将重点开展以下四个方面的工作：

（一）着力研究制定开发区“十二五”教育规划

在深入调研、科学论证、广泛征求意见的基础上，开展大连开发区“十二五”教育规划的研制工作，并以此为契机，推动开发区教育的科学发展和内涵发展。

1. 制定《大连开发区“十二五”教育规划研制工作方案》，确立规划研制工作指导思想和基本思路，组建规划领导小组和工作机构，明确规划研制工作目标和任务，以科学的态度和方法，高质高效地完成规划研制工作。

2. 根据《国家中长期教育改革和发展规划纲要》的精神，结合开发区教育区域特点和发展现状，确立“十二五”期间教育发展的指导思想、发展目标、重点工程和保障措施。力争六月初完成规划文本起草任务。

3. 以开发区“十二五”教育规划研制工作为主线，平行启动10个专项规划和学校发展规划的研制工作。

（二）重点开展教育体制机制改革创新的研究与探索

以教育综合改革实验区建设为牵动，重点研究和探索区域教育体制机制的改革与创新问题，大胆实验，勇于突破，推进开发区教育“优先、优质、优态”发展。

1. 研究设立“开发区政府教育质量奖”，开全国之先河。以奖领教，鼓励和引领学校办出特色、形成优势、打造品牌，发挥教育品牌的典型辐射效应，全面提高开发区的教育质量和办学水平。

2. 研究设立开发区教育评议会和学校评议会，建立社会参与的教育质量评价体系。鼓励和引导社会、家庭参与学校教育和管理，积极探索现代学校制度建设，成为全国的新典型。

3. 设立开发区教育质量监测分析中心，建立开发区基础教育质量监测、评估体系。研究和引进中小学考试评价和学生学业成就测量工具，逐步完善教育质量监测分析中心的监控、分析、预警职能，为开发区教育发展和质量提升保驾护航。

4. 研究制定开发区教师绩效考评制度，建构具有开发区特色的教师评价体系。完善教师交流制度和教师奖惩制度，调动全区教师工作主动性和积极性，促进教师专业发展和高素质教师队伍建设。

5. 研究区域学校集团化办学模式，助推“123 名校建设工程”。研究开发区中、东部区域潜势学校发展模式，探索学校之间捆绑式管理策略，实行强校带弱校、组团式发展计划，促进学校高质均衡发展。研究普通高中和职业高中的发展问题，探讨设立科技高中的可行性，促进高中教育质量和办学水平快速提升。

6. 研究在初高中设立少年班的政策，探索弹性学制的培养方式，推动基础教育阶段拔尖创新人才培养模式的试点。

（三）积极推进国家级课题申报和研究工作

以全国教育科学规划课题申报工作为牵引，充分发挥科研引领和专家指导的作用，全力塑造开发区教育品牌。

1. 认真做好区域层面全国教育科学规划课题申报和指导工作。力争在开发区教育体制机制创新、区域教育国际化、本土名师团队建设等方面获得立项。积极推荐条件成熟的学校独立逐级申报市、省和国家级课题。

2. 继续开展学校创新发展模式的研究和探索。对开发区学校跟进指导，以“理念创新”和“整体建构”为策略，提升教育内涵，培育学校特色，打造15—20所特色办学示范学校。5月份召开“全国理念创新和整体建构研讨会”。

3. 开展区域名师团队建设机制的研究。与教师进修学校协同研究特级教师工作室等六大工作模式，探索区域名师团队建设的途径、方式和手段，培养大批名校长和名教师，形成普遍性与可推广的机制。

4. 开展高效课堂的研究和实践。以“向课堂40分钟要质量和效益”为主题，开展提高常态课堂教学有效性的相关研究，总结提炼和宣传推广高效课堂教学模式，促进开发区教学质量的全面提升。

5. 做好开发区教育改革创新经验的总结提炼和宣传工作。力争全年在《人民教育》《中国教育报》《教育研究》《中国德育》《教育文摘周报》等报纸杂志上发表新闻报道、经验总结性论文5篇。

（四）全力提升开发区教育国际化水平

以“多元开放，国际融合”为基本理念，通过举办高层次、高水平、创新性、有影响的国际会议，搭建交流、学习、推广国内外先进理念和经验的新平台，全力推进开发区教育国际化。

1. 筹备和举办“中国（大连）跨文化教育国际论坛”（International Symposium on Multicultural Education），同时召开双语教育论坛、国际学校论坛、国际IB课程研讨会等。

2. 与全国中小学外语教育专业委员会联合举办中国英语教学大会。同时举办全国英语教师教学技能大赛。

3. 启动“金石教育论坛”，定期邀请国内外知名学者到开发区讲学指导，本年度争取举办5—6次论坛。

2011年度金州新区实验区工作计划

为推动中国教科院金州新区教育综合改革实验区各项工作稳步、高效地开展，根据金州新区教育发展的新形势、新情况和新需要，按照中国教科院金州新区教育综合改革实验区《合作协议》，特制定本年度工作计划。

一、指导思想

以科学发展观为指导，贯彻落实《国家中长期教育改革和发展规划纲要》、《金州新区教育事业"十二·五"发展规划》，遵循"区所共建，整体推进，科研引领，创新发展"的合作方针，继续探索"多元开放、国际融合"的特色发展模式，全力打造"国内一流、国际知名"现代化教育强区，为金州新区实现经济、社会事业的新跨越提供强有力的专业保障和智力支撑。

二、工作目标

为确保中国教科院金州新区教育综合改革实验区工作的全面推进，保证第三届全国教育综合改革实验区联席会议在金州新区顺利召开，将本年度工作目标确立如下。

1. 全面启动全国教育科学"十一五"规划国家一般课题研究，积极探索区域教育管理体制改革创新实践。

2. 以学校特色创建为载体，加快教育文化建设，促进教育内涵发展。

3. 以打造高效课堂为核心，做实教育科研，提高教学质量和办学水平。

4. 推动"卓越校长、卓越教师成长工程"，促进教育人力资源建设。

5. 开展教育质量监测工作，促进新区教育质量的稳步快速提升。

6. 按照“多元开放、国际融合”的方针，大力推进区域教育国际化。

三、组织领导

1. 成立中国教科院金州新区教育综合改革实验区领导小组，全面领导实验区工作。领导小组由金州新区管委会、教育文化体育局、教师进修学校负责人以及中国教科院驻区专家组成。

组　长：秦淑华

副组长：宋承建　张慧岐（常务）　宫学莉　陈如平

成　员：徐　利　刘国敏　宫春文　姜　峰　赵春祎

卢凤义　曹希春　齐铁清　李继星　姚宏杰

2. 下设若干工作小组，具体组织实施实验区的各项工作。

四、重点工作

（一）区域教育管理体制创新工程

负责人：徐　利、陈如平

责任部门：综合处、人事处、教师进修学校

主要工作：

以国家一般课题《区域教育管理体制创新研究》为载体，开展新区教育管理体制调研；区域性、现代化教育行政管理运行机制创新研究；区域现代学校制度建设研究；公办学校组团发展模式研究；区域教师绩效考核体系和平台研究；区域性中小学拔尖创新型人才培养机制研究等。

2011 年 1 月中下旬举行开题报告会，制定课题实施方案，落实子课题和人员分工，稳步推进课题研究工作。11 月中旬，在全国实验区联席会期间，举行课题中期检查会。

（二）教育文化建设工程

负责人：刘国敏、姜峰、赵春祎、李继星

责任部门：基础教育处、职成教处、学前处、直属中小学、职业学校、幼儿园

主要工作：

1. 以提升教育内涵为核心，加强加快教育文化建设，出台《金州新区学校文化和特色创建的指导意见》，校校编撰《学校文化战略纲要》，构建现代学校文化，努力打造出一批理念先进、特色鲜明、质量上乘的品牌示范学校，明显提高金州新区教育的核心竞争力、知名度和影响力；

2. 编辑出版《金州新区学校文化建设集萃》，提交第三届全国教育综合改革实验区联席会议汇报交流。

（三）高效课堂推进工程

负责人：刘国敏、曹希春、齐铁清、李继星

责任部门：基础教育处、教师进修学校

主要工作：

1. 制定《金州新区推进高效课堂的实施意见》；

2. 以“高效课堂”为主题，以小课题研究、微型课题研究为载体，细化研训内容，开展说课评教活动，积极引导教师开展教法、学法的研究和实践，提高常态课教学的质量和效益；小课题来自课堂教学之间，研究置于教学过程之中，显效于教学实践之上，小到不可再分，着重解决课堂教学中的“真问题”；

3. 总结提炼8—10所学校高效课堂教学的实践经验，编辑出版《基于高效课堂的教学模式创新》，提交给第三届全国实验区联

席会交流。

（四）卓越校长、卓越教师成长工程

负责人：卢凤义、曹希春、陈如平

责任部门：人事处、教师进修学校

主要工作：

1. 建立“卓越工程”课程体系。采取“走出去、请进来”的办法，对全区校长、教师开展有针对性、高品质的培训、学习、考察活动，着力提升校长、教师整体素质和业务水平，为打造全国知名校长和名师团队奠定基础；

2. 认真实施教育部规划课题《区域名师团队建设运行机制研究》，研究探索金州新区优秀教师的成长阶梯和培养途径；

3. 总结提炼各学校发展模式和“整体建构”的策略，编辑出版《“整体建构”的学校发展模式》一书，提交第三届全国实验区联席会议交流；

4. 参与中国教科院实验区区际联动计划。全年分两个学期六个批次选派校长、骨干教师、教研人员、局机关干部100余人，到杭州下城、成都青羊、深圳南山对口交流；

5. 积极创造条件，选派部分人员到教育部司局、中国教科院等挂职锻炼。

（五）区域教育国际化推进工程

负责人：齐铁清、姚宏杰

责任部门：教师进修学校

主要工作：

1. 分类推进学校国际化发展。鼓励我区学校与境外学校建立友好关系，开展师生人员定期往来交流；以开发区七中为基础探索

国际课程体系建设；积极参与市教育学院“外教走训”活动，根据上述情况，积极推动各校确立自身国际化发展定位及年度目标、计划，扩大友好学校比例。

2. 积极创造条件，争取多方支持，举办“中国（大连金州）跨文化教育国际论坛”等会议。

3. 11 月份，与全国中小学外语教育专业委员会联合举办“国际英语教学大会”和全国英语教师教学技能大赛。

（六）基础教育质量监测工程

负责人：卢凤义、周德鹏、姚宏杰

责任部门：基础教育处、教师进修学校

主要工作：

1. 坚持“两条腿走路”，建立教育质量监测试点，分小样本、大样本开展试测实验，深度研究分析区域教育教学存在的主要问题，为领导决策提供咨询；

2. 逐步完善学校评价标准，积极引导新区学校改进问题，完善措施，全面提高教育质量；

3. 设立教育质量监测中心，推进教育部基础教育质量监测样本区实验项目，初步建立区内学生学业质量监测与报告制度，逐步使质量监测工作规范化、常态化。

五、中心工作

第三届全国教育综合改革实验区联席会议

负责人：卢凤义、陈如平

责任部门：教师进修学校

主要工作：

1. 3 月初，召开“中国教科院教育综合改革实验区第三届联席会议”筹备会议，确定会议主题，制定筹备工作方案，落实人员分工，启动相关工作；

2. 基于两年的实验区工作，拟编辑出版《金州新区现代学校文化建设集萃》（秦淑华主编）、《基于高效课堂的教学模式创新》（张慧岐主编）、《“整体建构”的学校发展模式》（陈如平主编）等，9 月底，完成所有会议交流材料的编撰工作；

3. 11 月中下旬，承办“第三届全国实验区联席会议”，会期一天，其中参观考察新区学校半天。

2012年度金州新区实验区工作计划

为充分发挥中国教科院金州新区教育综合改革实验区专家组对区域教育发展的实践服务和指导功能以及引领作用，结合金州新区教育文化体育局2012年工作计划，特制定本方案。

一、指导思想

以科学发展观为指导，深入贯彻落实国家和辽宁省中长期教育改革和发展规划纲要、《金州新区“十二五”教育事业发展规划》和《金州新区创建辽宁省基础教育强区实施方案》，以建设辽宁省基础教育强区为主题，以深化教育内涵发展为主线，以提高教育质量为主旨，进一步强化队伍、课程与教育文化的建设，全面推进素质教育，全面提升教育均衡化、国际化、特色化发展水平，不断满足教育多样化、个性化发展需求，促进学生健康成长，打造区域教育品牌。

二、工作目标

全力确保金州新区教育综合改革实验区工作全面推进上水平；促进金州新区实验区教育内涵发展、特色发展，提升新区教育品质，提高新区教育硬指标和软实力，为金州新区创建辽宁省基础教育强区目标奠定坚实基础，并以优异成果迎接中国教科院教育综合改革实验区第四届联席会议的召开。

三、工作思路

立足实践指导，强化理论提炼，创新工作模式。全面统筹，狠抓重点，在科研引领、队伍建设、学校指导和成果提炼等方面下工夫，构建凝合教育行政、专家组、教科研及校长教师力量于一体的联动体系，采取普遍指导与菜单式服务相结合的方式，推动实验区工作扎实而有效地开展。

四、重点工作

根据实验区工作宗旨与目标，结合金州新区教育文化体育局2012年工作任务安排，确立本年度如下重点工作领域和中心任务：

（一）科研引领

充分发挥学术引领作用，进一步推动新区干部教师教育新理念的树立，强化干部教师队伍科研意识、形势意识和政策意识，提高教育教学实践能力。将课题研究与区域、学校教育教学实际紧密结合，将标准制定与工作推进相结合，促进新区教育内涵发展与质量提升。

1. 精心策划、跟进指导全区校级课题与“小课题”研究。提炼新区教育发展中的切实问题，设计新区中小学“小课题”研究指南；承担“小课题”研究专题培训及课题成果评审；指导推动各学校开展“小课题”的研究实践及总结推广。

2. 积极参与、跟进指导国家级、省级课题研究。组织国家社科基金一般课题“我国区域教育管理体制创新研究”的开题，设计进一步研究方案；助推教育部课题“我国区域名师团队建设与运行机制研究”的研究和各子课题研究工作，有效带动新区教师群体的整体发展；深入指导新区若干省级规划课题的研究推进，积极协助新区学校做好本年度省、市级教育规划课题的申报工作；加强对新区社区教育课题与科研工作的指导，为争创国家级社区教育示范区提供智力支持。

3. 探索推进新区学生阅读活动理论与实践。研制新区中小学阅读工程推进方案，强化阅读理论研究、校本课程开发与活动指导

 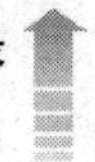

的力度，着力培养学生阅读兴趣、指导阅读方法、形成阅读习惯、提高阅读能力，为学生终生成长打下良好基础，并有效整合师生、家长及社会资源，形成具有新区特色的阅读文化。

4. 精心研制新区教育发展质量评价标准。在充分调研的基础上，结合金州新区教育发展要求，研究制定金州新区重点工作的相关质量评价标准：

（1）优质课评价标准；

（2）优秀校本课程评价标准；

（3）高品质教学模式评价标准。

5. 建立教育改革与发展政策信息数据库。充分利用中国教科院国家教育信息数据库平台，系统搜集国家、教育部、辽宁省与大连市及其他省市地相关教育政策文件，梳理国内外区域教育改革发展实践探索的相关文献，建立新区教育改革与发展政策信息文献数据库，为新区教育规划发展与政策制定提供有力的借鉴和支持。

（二）队伍建设

积极构建新区教育科研工作有效机制，探索教师专业发展与素质提升新路径，创新实验区工作运行机制，促进科研骨干和青年教师快速成长，带动区域教师队伍整体水平的提升。

1. 继续实施金州新区科研骨干培训工程。以中国教科院为依托，以驻区专家组为主体，举行系列专题报告，对金州新区教育科研骨干在科研意识、科研方法及新课程理念等方面加强培训，打造一支具有新区特点的科研骨干队伍。

2. 精心设计校（园）长、教师专业发展培训方案。指导帮助设计有针对性的中小学、职业学校校长、幼儿园园长、骨干教师、班主任培训方案，积极为校（园）长、教师外出学习搭建桥梁，进一步整合资源，有效提升金州新区干部教师队伍专业水平。

3．创建金州新区“教师实践学习研讨班”。选择一些具有较高科研热情和一定科研能力的优秀青年教师，组建一个“实践学习研讨班”，接受专家组直接指导，参与并协助专家组工作。研讨班强调学员在实践中学习和解决问题，快速提高专业素养，形成一支区域教育科研的高素质团队，并有力发挥影响与辐射作用。

（三）学校指导

立足学校特色发展，大力推动新区教育文化建设，有效促进新区教育的内涵与品质提升。

1．以课程建设为突破强化学校特色发展。构建以校长教师为主体、以教育行政为主导、以专家组为指导、以教科研为引导的一体化联动体系，通过高位创设学校办学理念及国家主体课程的创造性实施、校本特色课程的创新性开发与实践，加强对社区教育课程、幼儿园园本课程开发及“国学进校园”活动的指导，探索一条以学校文化为统领、以学校特色课程体系为支撑的特色化发展之路。

2．以课堂教学为核心全面提高教学质量。全面落实课堂“四有”理念，充分体现学生主体地位，通过创新备课模式、创新观课评课技术以及构建完善不同学科、不同课型的教学模式，切实提高学校教学质量。以此为主题，积极参与实验区联动，进一步凸显金州新区课堂教学的特质。

（四）成果提炼

深入挖掘和总结金州新区教育改革与实践的成功经验，不断提炼反映新区教育创新的理论成果，积极构建立体化的宣传平台网络，有效拓展和提升新区教育的影响力。

1．研究提炼区域教育发展创新理论。以驻区专家组为骨干，高度关注新区在教育管理与科研、高效课堂教学模式、学校特色发展、教育国际化等方面所取得的成就和创新，不断进行研究总结，积极提炼形成理论性认识和成果，提升新区教育品质。

2．积极构建实验区立体化宣传平台。综合《金州教育》《开放先导区报》《中国教师报》《中国教育报》《中国德育》《教育研究》、金州教育网、中国教科院网、金州新区电视台、中国教育电视台等传媒渠道，形成纸媒、网络、电视为一体的立体化宣传网络，及时反映金州新区实验区的教育创新实践与经验，提高新区教育影响。

3．制作反映新区教育特色的专题片。凝聚力量，审慎构思，精心制作一部旨在充分展示金州新区教育内涵发展与自身特色的电视专题片，以第四届实验区联席会召开为契机，全面展示我区的教育形象和教育品牌。

后　记

毫无疑问，优先发展教育、提高教育现代化水平，对国家的发展和强盛都具有决定性意义。那么究竟如何提高教育现代化水平？如何推动教育事业科学发展？理性探讨与实践证明：根本要靠改革创新，关键要靠科研引领。对于一个区域的教育发展来说，科研引领和改革创新更为切实和必要。

正是在这样的背景下，中国教科院立足为区域教育实践指导服务的宗旨，坚持“院区共建，整体推进，科研引领，创新发展”的工作方针，先后在杭州下城、成都青羊、大连金州新区、深圳南山、宁波鄞州、重庆九龙坡等地建立了教育综合改革实验区。与其他实验区一样，金州新区实验区的建立给新区教育发展带来了勃勃生机，更为重要的是，伴随“多元开放，国际融合”综合改革实验模式在科研引领下的不断尝试与推进，金州新区教育谋求在全国范围内具有引领作用和启示意义的特色发展之路已日趋光明而扎实。这本《多元开放　国际融合——大连金州新区教育综合改革实验模式》正是对金州新区教育发展新局面的具体和形象的描述。

作为一本以反映区域教育改革实践为主题的著作，作为一本旨在为广大读者提供些许启示和追问空间的著作，本书以实事求是为编写的基本原则，力图追求理论阐释的简明性和科学性、实践成果的客观性和典型性以及实践过程的生动性和系统性。基于此，本书设计了如下结构：首先对“多元开放，国际融合”发展理念的现实依据和内涵意义做概要阐释；进而对“多元开放，国际融合”发展理念引导下的教育国际化、学校文化建设、教师专业化培育、课堂教学实践、校本课程开发、体制机制改革等六大主题实践框架和成就做案例式展开，辅以对专家组工作模式的过程性呈现；最后对金州新区未来发展做简约点击。至于表达方式，本书力求用最平实的语言和最详实的案例记录金州新区实验区的成长历程，体现区域教育发展的时代性，突出实验区建设的实践性、创新性和研究性。

本书是编写团队集体智慧互补和凝聚的结果。我们在充分调研和反复研讨论证的基础上，提炼出金州新区实验区建设三年来教育发展显示度较强的“实践主题”，再对这些“实践主题”进行系统梳理和深度剖析，架构内容维度。与此同时，对反映和支持“实践主题”成果的相关材料进行精心筛选和多轮研讨论证。整个编写过程始终坚持分头撰写、交叉审读和及时研讨反馈的机制。事实上，研讨论证机制和交叉审读机制在客观上增强了学理厚度，弘扬了民主作风，是本书质量的一个重要保证。这里尤其要感谢孙兆礼、姚志强、牛朝霞、汪振义、陈贻龙、张厚东、刘峰、张桂星、孙晓明、王波、王君、孙伟华、刘金荣、张娟、丛莉、于书全、肖传玉、王志光、林志强、孙秀玲等金州新区的诸多校长和研训员。他们在本书编写过程中默默贡献的智慧、在实践中积累的鲜活案例以及对实验区建设素朴而执著的情怀，已经悄悄流淌在编写团队每位成员所追求的学术良知里。

这里要特别说明的是，《多元开放　国际融合——大连金州新区教育综合改革实验模式》之所以能够成书，离不开这一主题的精神来源与实践创造。这个精神来源与实践创造首先源于中国教科院袁振国院长对金州新区实验区提出的“多元开放，国际融合”的发展理念，正是这一理念的引导，生发了这一实验模式丰富而鲜活的实践成果和探索历程。这个精神来源与实践创造，得益于教育部基础教育课程教材发展中心田慧生主任，中国教科院史习琳副书记、曾天山副院长、所广一副院长、高宝立院长助理以及全国教育科学规划办刘贵华副主任，中国教科院基础教育研究中心陈如平主任，教育综合改革实验区办公室李晓强主任等领导多次到金州新区实验区调研所给予的热情指导。这个精神来源与实践创造，也得益于三年来中国教科院先后派驻金州新区实验区的专家陈如平研究员、李铁安博士、李晓强博士、李继星副研究员、姚宏杰博士、高丙成博士、杨清博士、黄琼博士、秦建群博士等对金州新区教育改革实验所贡献的智慧和辛勤劳动。这个精神来源与实践创造，更属于所有为金州新区实验区建设与发展作出贡献的人们。

本书由金州新区管委会副主任秦淑华担任主编，金州新区教育文化体育局局长高奇志、中国教科院驻金州新区专家组组长李铁安博士担任副主编。参与本书设计和编写的有：金州新区教育文化体育局副局长官学莉、张慧岐，中国教科院驻金州新区专家组成员姚宏杰博士、杨清博士、高丙成博士、黄琼博士、秦建群博士，金州新区教师进修学校副校长卢凤义，金州新区教师进修学校小教部主任齐铁清，金州新区教育文化体育局综合处副处长侯建军，开发区红梅小学校长翟艳莉，北京小学华润·海中国分校副校长孙淑敏，金州新区教育文化体育局基教处处长姜峰，金州新区教育文化体育局基教处秘书丛莉等。各部分内容采取分头执笔，交叉修改的撰写模式。全书由李铁安博士和姚宏杰博士统稿，由秦淑华副主任、高奇志局长最后审定。

回首编写之初所致力追求的宗旨目标，我们不免惕然，不知是否做到了“取法乎上，得乎其中”。我们知道，缺点与缺憾在所难免，敬请广大读者批评指正。

改革的力量是教育发展最直接的力量，实践的智慧是教育发展的最高智慧。当我们共同站在深化区域教育改革与实践的新起点上时，也意味着我们拥有了一个更加辽远而激动人心的未来！

编　者

2012 年 12 月

出 版 人　所广一
项目统筹　谭文明
责任编辑　何　薇
版式设计　杨玲玲
责任校对　贾静芳
责任印制　曲凤玲

图书在版编目(CIP)数据

多元开放　国际融合:大连金州新区教育综合改革实验模式/《教育综合改革实验丛书》编委会编. —北京:教育科学出版社,2012.12
(教育综合改革实验丛书)
ISBN 978-7-5041-7248-8

Ⅰ.①多…　Ⅱ.①教…　Ⅲ.①区(城市)—教育改革—研究—大连市　Ⅳ.①G527.313

中国版本图书馆 CIP 数据核字(2012)第 299165 号

教育综合改革实验丛书
多元开放　国际融合
DUOYUAN KAIFANG　GUOJI RONGHE

出版发行	教育科学出版社		
社　址	北京·朝阳区安慧北里安园甲 9 号	市场部电话	010-64989009
邮　编	100101	编辑部电话	010-64989179
传　真	010-64891796	网　址	http://www.esph.com.cn
经　销	各地新华书店		
制　作	北京博祥图文设计中心		
印　刷	保定市中画美凯印刷有限公司		
开　本	169 毫米×239 毫米　16 开	版　次	2012 年 12 月第 1 版
印　张	17.75	印　次	2012 年 12 月第 1 次印刷
字　数	200 千	定　价	40.00 元

如有印装质量问题，请到所购图书销售部门联系调换。